现代英语教学与语言应用研究

李姝颖　曲晨晖 ◎ 著

吉林出版集团股份有限公司

图书在版编目（CIP）数据

现代英语教学与语言应用研究 / 李姝颖, 曲晨晖著
. -- 长春 : 吉林出版集团股份有限公司, 2023.6
ISBN 978-7-5731-3645-9

Ⅰ.①现… Ⅱ.①李… ②曲… Ⅲ.①英语—教学研
究 Ⅳ.①H319.3

中国国家版本馆CIP数据核字(2023)第131347号

现代英语教学与语言应用研究

XIANDAI YINGYU JIAOXUE YU YUYAN YINGYONG YANJIU

著　　者　李姝颖　曲晨晖
出 版 人　吴　强
责任编辑　蔡宏浩
装帧设计　陈　卫
开　　本　787 mm × 1092 mm　1/16
印　　张　10
字　　数　220千字
版　　次　2023年6月第1版
印　　次　2023年9月第1次印刷
出　　版　吉林出版集团股份有限公司
发　　行　吉林音像出版社有限责任公司
　　　　　（吉林省长春市南关区福祉大路5788号）
电　　话　0431-81629679
印　　刷　吉林省信诚印刷有限公司

ISBN 978-7-5731-3645-9　　定　　价　68.00元

如发现印装质量问题，影响阅读，请与出版社联系调换。

前 言 Preface

　　随着全球化发展，我国在经济、文化、科技等诸多领域与外界的交流愈加频繁。国际交往繁荣带来了机遇的同时，也为我国大学英语教学带来了更大的挑战，对现代英语教学提出许多新的要求。英语教学在培养学生的英语语言能力和综合素养、向社会输出英语人才满足发展需求，以及推动我国走向更广阔的国际舞台等方面发挥着重要作用。这就要求现代英语教学抓住新的发展机遇，应对英语教学各方面的新挑战。

　　本书结合现代英语的发展趋势，立足英语教学理论，对现代英语教学展开了深入的研究，探讨了现代英语教学的教学方法、模式构建和教学策略，积极探索了现代信息技术支持下，现代英语教学模式的创新途径，同时注重理论联系实际，对英语听力、口语、阅读、写作和文化教学进行了研究。现代英语教学强调学生的主体地位，要求教师不断创新教学理念和教学手段，因此本书最后对英语教学中的师生关系、教师专业发展也进行了相关研究，以期为现代英语教学的发展与创新提供一定的理论支撑和实践参考。

　　在撰写的过程中，作者参阅了大量相关资料和文献，同时为了保证论述的全面性与合理性，引用了许多专家、学者的观点，在此谨表示最诚挚的谢意。由于写作水平有限，书中不免存在遗漏之处，恳请广大读者不吝指正。

目 录 Contents

第一章 绪论

第一节 现代英语的发展趋势分析

一、英语的全球化

在全球化的第一阶段，英语仍然只是英国人的英语，而且使用英语的国家和地区非常有限。17 世纪开始，本身使用英语的英国人来到现在的美国、加拿大、澳大利亚、新西兰等地区，使英语随着英国人一起离开欧洲，走向了新的大洲。在英语全球化的第二阶段，英语扩散速度加快，并为其他民族所使用。整个 19 世纪及其前后，英国人在全球确立了英语为主导语言地位，将英语全球化推向了一个全新的历史时期。在全球化的第三阶段，越来越多的国家为了和英美打交道而主动接受并推广英语。正是人们出于自身的内在需要而学习和使用英语，才最终把英语造就成了一种真正的全球性语言。

目前，英语已成为多个国家通用语言，对英语的这种全球化趋势，有学者做了一个很好的说明："从加拉加斯到卡拉奇，望子成龙的父母们都心甘情愿地为孩子付上英语学校的学费。从突尼斯到土耳其，政府都在推广英语。现在会讲英语但母语非英语的人已经远远超过母语是英语的人，二者的比例达到了 3∶1。学英语的中国孩子约有 1 亿人，比英国的总人口还多。"英国文化委员会委托进行的一项研究报告指出，世界各地说英语的人群已经达到 20 亿人。考虑到英语国家特别是美国会继续在全球处于强势地位，英语全球化的步伐还将进一步加快。

二、英语的本土化

英语的全球化直接带来了英语的本土化。事实上，英语的发展过程本身就是一个不断本土化的过程。例如，苏格兰在地理环境、文化传统、生活习惯上与英格兰有着明显的区别，使得生活在这里的苏格兰人不仅改造了英语的读音和拼写方式，还创造了自己的词汇，不仅如此，苏格兰还有自己独特的英语句子。澳大利亚以英国英语口音为主，整体口语发音类似于英国的苏格兰地区，但亦存在自己的口音。由于英语在美国加速本土化，越来越多的人感觉到了有别于英国英语的美国英语。与英国英语相比，美国英语在拼写（如 metre 与 meter）、单词（如 tube 与 sub- way）、词汇系统（美国英语中有来自印第安语的词汇，如 moose 和 canoe 等）、语法（如 I want to go out 与 l want out）上，都具有鲜明的自身特色。

三、英语的多极化

英语的本土化必然带来英语的多极化。第一，英语即使在英格兰内部也没有达成广泛的一致，英格兰南部与北部在发音和用词上也有很大的差异，苏格兰、威尔士的英语，明显地打上本地印记。第二，很多国家的英语日渐强势，正在或将要成为英语中的一极。

四、英语的中国化

20 世纪 80 年代，特别是进入 21 世纪以来，一方面由于英、美文化的大规模扩散；另一方面由于中国人想更好地了解人类文明的成果，中国不断掀起学习英语的新高潮。

英语的多极化及其标准的模糊化为英语的中国化带来了契机。既然无统一标准，中国人就可以创造自己的标准；既然印度英语都有可能征服世界，中国英语也应该在英语家族中取得一席的地位。

从英语在中国的发展轨迹来看，英语也一直在被改变，并且已经开始打上汉语和中国文化的烙印。20 世纪初，上海出现的洋泾浜英语，就从一个侧面反映了英语的中国化。至于现在，中国人更是在史无前例地改造英语，在语音、语调、词汇乃至造句方式上都形成了自己的特点，与汉语一样地字正腔圆，如：kowtow（叩头）、gongfu（功夫）、teacher Li（李教师）、long time no see（好久不见）等表达法日益流行，在成语翻译中不用 "one stone kills two birds"（一石二鸟）和 "like a hen on a hot girdle"（像热锅上的母鸡），而用 "an arrow kills two birds"（一箭双雕）和 "like ants on a hot girdle"（像热锅上的蚂蚁）。按汉语语法习惯来表达 "I yesterday visited Donghu"（我昨天去了东湖），将英国英语的从句改成中式英语的单句，"先说次要的，再说重要的"等叙述方式逐渐被采用，都是英语中国化的重要体现。值得注意的是，越来越多的专家学者已开始研究英语中国化的问题，在探讨英语中国化模式的基础上，提出要大力推广中国式英语。

五、英语的一元化

从辩证的角度看待英语的发展走向，英语多极化趋势的不断发展必然也会催生英语的融合化，进而使英语重回一元化。关于英语的一元化，应有四个方面的基本态度。

首先，英语只有一元化才能真正成为全球性语言。语言是交流和思维的工具，如果用同一种语言来交流而不能达到沟通的目的，或用同一种语言来思维而产生传递上的误解或不解，这种语言就失去了存在的意义。

其次，英语必须在相互融合中走向一元化。英语要互相借鉴和吸收，通过加强文化交流使之不断融合。

再次，英语的一元化必须考虑语言发展的基本规律。任何语言都是在遵循起源特点的基础上发展起来的，其语音、语义、语法乃至构词方法、词汇组合都有其自身形成和演变规律，离开源头谈发展就会让语言支离破碎。因此，未来的一元化英语应以英国英语的基本规范为基础。要接受词汇系统、语句系统乃至语音系统、语法系统的创新成果，使英语更贴近生活，更贴近现实，更贴近时代，更符合各国国情。

最后，生活在不同环境中的人群在学习或使用英语时不可能千篇一律，一元化的英语犹如汉语普通话一样，是一种标准、一种方向，而不同的英语方言犹如汉语方言一样，是一种补充、一种活力，两者共存并不矛盾。没有英语的一元化，英语就不成其为一种规范的语言，但没有英语的方言化，英语也就失去了发展的动力和基础。只有两者有机结合，才能更好地推动英语不断向前发展。

第二节　现代英语教学的思考

一、英语的世界地位和发展

英语的发展是世界文明史上一个复杂而特殊的语言文化现象。英语原是日耳曼语族的一个小语种。公元 8 世纪中叶，斯堪的纳维亚部族的大扩张运动，差点儿使整个英格兰成为斯堪的纳维亚人的版图，但极富于弹性和适应性的古英语，却通过从斯堪的纳维亚语中借词、借义，丰富了语言的表现力。11 世纪中叶，诺曼底人征服了英国，使英语不再是国王、贵族和僧侣的语言，使英语扩大了使用范围。1337 年英法之间爆发了百年战争，使法语受到了极大的冲击，英语却得到了更快的演化和发展。这一次的演变最重要的是使英语失去了其复杂的词形变化，变得更易为人们所接受和使用，同时其广泛吸收并消化了庞大的外来词汇，英语逐渐成为一种非常灵活的工具，为其后来的进一步发展和广泛应用打下了良好的基础。从古英语开始，英语就形成了深厚的文化传统，许多伟大作家如乔叟、斯潘塞、莎士比亚、培根、密尔顿等都为英语的发展作出了巨大的贡献。18 世纪后，随着第一部《英语辞典》和一些语法书的出现，英语形成了自己日臻完善的、规范化的语法体系。在语言自身不断发展完善所形成的表现力、规范性、科学性和兼容性方面的突出优势的基础上，英国在 19 世纪成为全球第一工业强国，在欧洲取得了政治和经济上的优势，并向外扩张征服新生的疆土，殖民者和官员们把宗主国的语言带往新的地区，进一步使英语扩张到全世界，成为广泛运用的外交、商业及现代技术的通用语言，从而形成了英语在全世界的主导地位。

进入 20 世纪后，英语已经不是英国一国独有的语言。它出现了很多变体，其中最主要的是美国英语，当然也包括印度英语、新加坡英语、非洲英语等。与此同时，以英语为

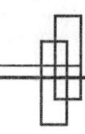

母语的人在英语使用者中的比例越来越大。

英语的历史本身就证明了这一语言的发展正是得益于其开放性，也就是它能够主动吸收其他语言的词汇、语法，最终丰富和提升自己。

二、高科技的迅速发展和英语的教与学

高科技的迅速发展给英语的教与学会带来了什么影响？我们可以从以下几方面看。

首先，计算机科学和人工智能工程的进步，会使机器代替人的笔译和口译，这会使得外语学习丧失其必要性吗？机器翻译永远离不开人工编辑和加工，计算机的智能永远是有限的，不可能像人一样处理一切语言问题。不论采用什么新技术、新机器，人的因素仍然是一切语言现象和过程的最终决定因素，否定这一条，就等于否定了语言的社会性。

而且，不论高科技发展到什么地步，目前的外语课程和教学方法都不会过时。调查报告中还有一个明显的倾向性结论是，在今后的 25 年内，不论新的媒体多么发达，通信和计算机技术怎样发展，远距离教学多么普及，数量空前增加的教学上的音像制品也不能代替现有的文字教材。在语言学习中（正式的课堂教学，不是自然习得），音像制品只是辅助性的，文字教材仍会保持目前的主导地位，是其他形式所不能取代的。尽管随着高科技的发展，信息高速公路的延伸和计算机网络的扩展，信息传播全球化进程的加快，激光唱盘和多媒体软件的不断运用，会使英语教学的手段日益增多，英语学习会变得更灵活、方便、形象和自由，英语教学的受众也会大幅增加，但是现有的英语教学方式、传统的教学模式和文字教材仍将作为英语教学的基本手段通行。不论通信革命带来怎样的变化，都不能代替学习者自己的记忆和思考。因为学习外语，其实是掌握一种技能，而不是通过三年五年的学习之后掌握大量的语言知识。这好比学游泳、弹钢琴、打乒乓球，要进行反复、大量的练习，通过学习者大量的阅读，不断地进行听、说、读、写、译各方面的实践活动，通过独立的思维过程和分析总结过程，最终达到语言运用的"不自觉"的境界，也就是一听就懂、脱口而出的地步才能算掌握。

另外，从教学方法看，由于时代和条件的限制，人们对外语教学规律的认识往往不同，而且由于各个历史时期、不同国家和地区外语教学的目的也不同，因此出现了翻译法、直接法、循序直接法、听说法（也叫句型教学法）、视听法（也叫情景法）、自觉对比法、自觉实践法、认知法和交际法等主要教学法学派，这些学派都是历史的产物，它们都有其优缺点。在英语教学里没有万能的方法，根据不同情况，方法也要跟着改变，不能局限于只提倡某一种特定的教学法。近 10 年至 15 年，在哲学上和教学法上，出现了一次重大转折，那就是从注重研究客体转向注重研究主体，在外语教学上就是从重点研究教学法转到重点研究"优秀学习者"（也就是"人"这个主体本身）。因此，21 世纪可能是探索性的、"百花齐放"的一百年，在很长的一段时间内不会出现居主导地位的哲学或教学法。

但是，将来英语学习的一个重大变化可能是不再单单学习英语，而是与其他学科结合

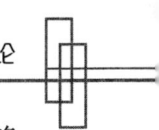

起来。长期以来，我国的外语院校主要是培养外语通才，即培养学生掌握一门外语，能够使用外语进行一般性的交际，能做翻译或从事外语教学。外语院校大多数没有专业倾向，只把外国语言文学知识及使用外语的能力作为唯一的专业来组织教学。目前这种状况已明显改变。北京外国语学院在通用语种方面按不同的专业倾向或培养方向招生，在英语中设立了六个专业倾向：外事翻译、文学、英语国家研究、国际新闻、国际文化交流和国际金融，现在其专业倾向还在进一步扩大。随着时代的进步，科学和技术的发展使学科越分越细，门类也越来越多，对现代人的要求也越来越专，社会对具有专业倾向的外语人才的需求越来越迫切，促使外语教育改革进一步加深，只培养外语通才已不能适应时代的需要。

当然，在通用语种方面，按不同的专业倾向或培养方向招生，不是说课堂教学、专业训练的学科门类越来越狭窄，只限于与专业或培养方向有关的专业基础知识，练就坚实的外语基本功就行，而是说这种"专"还必须建立在足够的宽泛教育的基础之上，否则"专"就不会走得很远。也就是说，还要开设与专业或培养方向有关的各类文化知识课程，使学生有较广博的知识，毕业后有较大的适应性。就师资教育来说，除了语言和知识本身，还要求进行其他方面的专业训练。一定水平的教育学、心理学、普通语言学等方面的知识恐怕是必不可少的，这也应视为专业训练的一部分。有77%的人认为，从长远来看，内容宽泛的师资教育比课堂针对性太强的师资培训更为有效，这也表明了未来师资教育的一种方向。

第三节　现代英语教学的内涵与需求分析

一、现代英语教学的内涵

（一）英语教育的本质

就教育内容而言，英语教育不仅是语言教育，也是文化教育。语言教育一般的目的是对学生运用语言的能力进行培养，专门学习某门语言的人不把语言的运用当作目的，对语言只是进行研究，如学习古汉语、古希腊语等。

英语在我们中国人眼中是一门外语，被当作第二语言，英语教育也就是外语教育。基于人类外语教育的发展史，外语教育和外语知识教育是分不开的，外语教育将外语知识当作基础，这对学生运用外语能力的培养十分有利。所以，作为语言教育，英语教育的本质应该是对学生综合运用英语的能力进行培养。

英语不只是一种语言，也是把英语当作母语和把英语当作第二语言的人类群体的文化的重要内容，英语也是一个人类文化的重要载体。所以，英语教育同样也是文化教育。

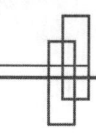

（二）英语教学内涵概述

在学习英语的过程中，英语教学是一个既基本又复杂的因素。英语教学是教育活动的一种。对教师来说，教学是一种对学生学习进行引导的教育活动；而在学生眼中，教学则是教师引导之下的一种学习活动。教学目标能否实现的一个关键因素就是学生能否得到发展。作为一个教师教和学生学的过程，教学需要师生之间产生互动，是师生一起完成预定任务的双向统一的活动。具体来讲，英语教学的内涵主要包含的内容有以下几方面：

1.英语教学是有目的的活动

在英语教学中，不一样的学期和学段，以及不一样的单元和教材，其教学的目的和目标也不同，而教学目标又可以分成不一样的层次或者领域。

2.英语教学具有一定的系统性和计划性

英语教学系统、计划的制订者主要是教育行政机构、教研部门和学校的教学管理者；英语教学指的是对具体技能和具体知识（如英语语音、写作和阅读等）进行传递。

3.英语教学需要采取合理的教学方法和教育技术

历经深厚的历史积淀之后英语教学形成了很多有效的教学方法。在当今社会，现代科学技术尤其是信息技术得到了快速发展，这些都给英语教学提供了多种能够借助的技术。

由此我们可以看出，英语教学的内涵是：基于一定的英语教学目的与教学目标，教师在有计划的、系统性的过程中，利用一定的技术与方法，把掌握和传授英语知识当作基础，促进学生整体素质发展的教与学统一的教育活动。

二、现代英语教学与需求分析

（一）需求与需求分析的定义

在需求分析研究方面，我国的学者把个人需求称为"愿望"或者"向往"。而除了以上观点，需求还可以被解释成"缺乏"，也就是学生还没有掌握的英语语言技能及知识。语言学家威多森认为，需求其实就是学生的工作或者学习要求，也就是学生在课程结束之后能够做什么，这是一种"目标定位"。之后，国外学者进一步提出需求也是一种"过程定位"，也就是考虑学生实际获得语言技能和知识所需做的事。

除此之外，学者们还基于需求分析的定义表明了自身的观点。理查兹等人认为，需求分析就是对语言学习者在语言学习方面的需求进行认知和了解，并且基于轻重缓急对学习需求进行安排的一个过程。简而言之，需求分析就是了解为什么学生要学习语言、要学习语言的哪些部分和需要学到怎样的程度等方面的信息。

我国有学者认为，一般意义的需求分析指的是通过访谈、内省、问卷和观察等手段，针对需求进行研究的方法和技术，目前已经在经贸、教育、服务和制造等相关领域得到广泛应用。

在语言教育领域，需求分析最早是通过专门用途英语被应用于语言教学研究中的，尤其是被应用在以需求为基础的语言教学研究里。在最初的专门用途英语里，学生的需求分析主要是指为了使某些目标得以达成而所需的技能，以及语言知识分析。现在，"需求"这个词的含义更广了，主要涉及语言、情感、教材或教育机构等各方面的人的要求、愿望、动机和需求等，需求分析的含义和范围也更加广泛。

通常来讲，需求分析的对象主要包括三个部分，分别是教师、学生及教育行政部门的管理者，而需求分析的重点则是对学生的需求。因此，我们在后面会对学生个体与学习需求分析进行重点阐述。

需求分析应该把信息收集当作基础。信息收集可以采用两种形式，分别是客观形式和主观形式。在语言教学领域里，主要从以下几方面来收集需求分析的信息：①学生的信息；②教师的信息；③教育政策制定者和教育行政部门管理者的信息；④教育研究者和教育专家的信息；⑤社区的信息；⑥家长的信息。

（二）英语教学需求分析

1.社会的需求

社会需求指的是社会对于相关人员在外语能力方面的需求，这是师生共同努力的目标和方向。所有的教育都是为了服务社会，教育应随社会需求的变化而变化，所以培养人才一定要在社会需求的基础上进行持续调整。我国的英语教育在改革开放以前相对来说比较落后，因此培养翻译能力及对阅读理解能力的关注也就成了当时的主流。改革开放以后，我国的科技得到了飞速发展，国际交流更加频繁，外语也不像以往那样只是借鉴及学习的工具，其交际功能慢慢地体现了出来。外语教学目标也因为社会对外语交际能力需求的变化而产生了相应的改变，培养交际能力的重要性在外语教学中开始慢慢凸显出来。

除此之外，我国社会的发展需要多方面的外语人才。基于社会的需要，我们应因材施教，培养出不同专业和不同种类的外语人才。要改革英语教学，首先就要了解社会对英语教学的需求。只有这样，我们的改革才会有方向，才能制定出更为科学的教学目标，培养出来的人才才会和社会的需求更为相符。

2.学生个体的需求

学生个体需求的种类主要包括以下几方面：

（1）个人需求、学习需求和将来就业需求

日本学者认为，需求可以分为个人需求、学习需求和将来就业需求。其中，学习需求是指学习风格、现有知识水平，以及现有的技能与目标的差距；将来就业需求是指学生对语言知识及其综合运用能力的需求。

（2）全局需求和语法修辞需求

美国明尼苏达大学语言学教授和美国路易斯安那州立大学语言学教授认为，应从全局需求和语法修辞需求这两个层面来分析、探讨学生的需求。所谓全局需求是指学生将来使用语言及完成语言相关任务的客观需求，主要包括学习目的、目标情景、语言使用方式、对学习结果的期待，以及对教学的态度等。而语言修辞需求是指学生为了满足将来的就业要求，对学习的语言、知识及技能的需求。

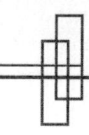

（3）目标需求和学习需求

目标需求和学习需求的分类是哈钦森和沃特斯提出来的，该分类方法既合理又清楚明了，主要内容包括以下几方面：

①目标需求：所谓目标需求是指学生在将来的目标场合使用语言的客观需要。哈钦森和沃特斯认为，目标需求可以分为需要、差距、愿望三类。

②学习需求：学生要达到某一客观目标必须经历一个学习过程，这个学习过程就是从起点到终点的过程。

而学习需求就是学生在这个学习过程中所需要的条件和需要做的事情。由于英语教学需求分析的主要对象就是学生的学习需求，因此我们在下文将详细介绍有关学生学习需求的内容。

3.学生学习的需求

（1）学习需求分析的意义

学习需求分析是教学设计过程的重要基础；学习现代英语教学需求分析有助于理顺目的与手段、问题与方法之间的关系；学习需求分析有利于解决教学中出现的问题。

（2）学习需求的种类

对于学习需求，伯顿和梅里尔的分类较为合理，他们认为学习需求主要包括以下六类：标准需求、相比需求、感到的需求、表达需求、现代语言学流派与英语教学探究预期需求、批判性事件的需求。

（3）学习需求分析的方法

在分析学习需求时，期望的参照系不同，具体的方法也就不同，归纳起来主要有以下两种分析方法：外部参照分析法和内部参照分析法。

总体来说，内部参照分析法由于参照已定的教学目标，因此操作起来相对简单，省时省力，只是在分析过程中需要注意检查已定目标的合理性和适宜性。相比之下，外部参照分析法由于考虑了社会因素，因此更贴近社会需求，能够保证教学系统目标的合理性，但是操作起来比较困难，耗时耗力。在具体的分析过程中，我们应当采用内、外参照结合的方法，根据社会需求调整、修改已有的教学目标，再用修改后的目标来确定期望的状况。

（三）需求分析对现代英语教学的启示

1.体现了"以学生为中心"的教学理念

教学的对象是学生。需求分析，尤其是学习需求分析能够令教师对学习者学习的实际状况有全面的了解，如学习动机、学习目的及年龄和偏好等。除了这些，在分析需求的过程中，教师还可以对学生热衷于了解和把握哪些语言技能，希望达到一个怎样的等级、在什么领域应用，以及某个学生的优势和弱点等进行充分了解。基于对这些信息的分析，教师会更加清楚地了解教学的对象、内容及目的，在实际的教学中，教师就会尽可能地让每个学生都有机会参与到教学过程中来，激发学生的学习兴趣，使学生可以更加主动地去学习。只有如此，才可以真正做到"以学生为中心"，才可以使教学质量得到进一步提升。

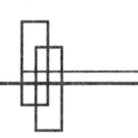

2. 有利于因地制宜地开展英语教学

英语教学要想真正取得实效，做到因地制宜、因人制宜，就必须进行需求分析。学校只有了解各方面对英语教学的需求，才能设计出和本学校相适应的充满个性化的、科学的英语教学大纲及实施方案，才能进一步推动目前的英语教学改革。

3. 英语教学设计过程的基础需求

需求分析的结果是尽可能给予准确的"差距"数据及资料，以促使教学设计整体目标的构成，这一目标恰好是继续对教学设计进行一系列步骤指导的重要依据。这些步骤包括内容分析及目标编写和策略制定等。所以，需求分析，尤其是学习需求分析对英语教学设计后续的工作方向及成败产生了很重要的影响。从结果来看，需求分析不但能够对教学的可能性及必要性进行论证，还可以让教师、学生和有关教育工作者把大部分精力都集中在教学过程中重要问题的解决上，进而使教学质量得到进一步提升。

4. 有利于确定英语教学的重点和难点

我们都了解，教学目标的实现是课堂教学过程的目的所在。之所以要确定教学的难点和重点，在教学过程中突出重点与难点，是为了更进一步地明确教学目标，使教学目标得以实现。教学目标的多样性决定了教学难点与重点也具有这种多样性。当我们将英语教学目标由认知扩展到非认知的时候，难点与重点也需要进行对应的扩展，也会随着教学重心的转移而转移。

在对教学难点及重点进行确定的时候，需求分析的作用非常重要。基于教学实践我们可以看到，我国的学生在英语听力、口语和阅读理解方面的把握并不太好，所以教学里的难点以及重点应该主要包括这几部分。

5. 有助于解决英语教学中出现的新问题

需求分析对发现英语教学过程中需要解决的新问题或者课题非常有帮助。我们基于需求分析，可以从中找到新问题产生的原因，进而运用创新性方法作出新决策。比如，新学科在科学技术及现代工业的飞速发展过程中不断出现，同时对传统学科课程体系进行了重建与整合。我国加入世界贸易组织之后，出现了双语教学及大学国际化的情况。而需求分析可以很好地帮助英语教师应对这些情况。除此之外，需求分析在英语教师教学方法的改进方面，也起到了很重要的作用，可以使英语教师的教学更有针对性，从而改进教学方法，提升教学效果。

第二章　现代英语教学研究

第一节　现代英语教学的常用方法

一、情景法

（一）定义

情景法又称视听法，是在直接法和听说法的基础上，利用视听手段形成的教学法。这种教学法是在教学过程中教师有目的引入和创设具有一定情感色彩、以形象为主体的具体场景，从而引起学生一定的态度体验，帮助学生理解知识和技能，并使学生心理机能得到发展的方法。在传统英语教学中，教师精心教读和讲解，学生拿着课本记、读和机械训练，慢慢地学生失去了学习英语的兴趣。语言脱离了语言环境就难以恰当地表述意义，难以发挥其表情达意的本质功能。因此，"情景需要语言，语言应当从情景教起"。英语教学的根本是通过各种情景，掌握语言所含的意义，从而达到在交际中运用语言的目的。

（二）起源

情景法于20世纪50年代首创于法国，其代表人物有古根汉和古布里纳。他们认为，在人们运用语言进行交际时，具体真实的情景决定着说话时所选择的方式、节奏和语调。人的听觉和视觉受到刺激后，作用于大脑，诱发人脑迅速做出反应和加速记忆，从而达到记忆痕迹的长期储存。情景法强调耳、眼等器官及大脑整体地去感知和认识外语材料，而外语材料的音、形、义和词、句、话也是作为整体让人感知的，因此，视听法又称为"视听整体结构法"。

（三）教学特点

1. 消除学生的紧张心理

教学艺术的魅力在于情感。情景教学法重视学生的情绪情感生活，集直观性、启发性、形象性、情感性于一体。情景教学的创设切合学生实际、切合教材内容、切合语言交际的实际，新颖而富于启发性。教师在课堂上应调整对学生的情感，在举止、眼神、语言上使学生感到教师和蔼可亲、可信，学生就会消除紧张恐惧心理，踊跃发言，变被动学习为主动学习，为学好英语奠定可靠的心理基础。古人云："亲其师，信其道。"如果一个教师关心、爱护、尊重学生，学生也会爱教师、尊敬教师，还会把对教师的热爱转移到他所教的科目上，他们也会对自己充满信心。

2.吸引学生的注意力

心理学家告诉我们，"注意"是学生认知客观世界，获取知识，发展智力和培养能力的基础。因此，教师应该采取受学生欢迎的教学方法，努力把课教得形象生动，最大限度地减少和排除分散他们注意力的各种干扰因素。而情景教学法就是设法创设各种生动有趣，贴近学生生活的情景、画面，集中学生的注意力，调动他们的积极性，使他们寓乐于学，寓学于乐；学有所乐，学有所得。

3.降低学生的理解难度

情景中创设的语境是语言赖以生存和发展的环境，也是语言交际所依赖的环境。语言意义的理解，以及语言功能的实现皆须通过语境。情景教学法正是利用各种手段为学生创设学习英语的语言环境。在相应的语言环境中完成教学内容，降低学生理解语言的难度。

4.强调语言与真实情景或设计的情景相结合

以情景为中心，充分利用视听手段，让学生作出模仿反应，形成自动化习惯，创造出类似语言习得的学习过程，主要培养学生的听说能力。教学时，学生一边看图像一边听声音，避免使用母语，这样可以使情景的意义与所学外语之间建立起直接的联系。

二、直接法

（一）定义

直接法又称自然法，是指直接用外语本身进行教学的方法，不用学生的母语，不用翻译，也不注重形式语法。它包含三个方面：直接学习、直接理解和直接应用。其主要特点是不允许使用母语，用动作和图画等直观手段解释词义和句意。它的教学目标不是规范的书面语，而是外语口语。

（二）起源

19世纪下半叶，资产阶级迫切需要在更大范围的国际贸易中获取更多的经济利益，此时语言成为在国际交往中的巨大障碍。培养一批能与外国人在政治、经济、科学、文化等方面进行洽谈、交流的外语人才成为当务之急。在这种情况下，外语学习中口语的重要性逐渐凸显出来。

19世纪，外语学习的标准方法就是之前在拉丁语学习基础上发展而来的方法，即为人熟知的语法翻译法。尽管它在培养阅读能力方面有一定的实际成效，但其偏重阅读能力，忽视口语能力的培养方法，明显地不适应资本主义社会的发展需要。到了19世纪后期，对语法翻译法的指责和批评越来越强烈，改革运动的兴起和国际语音协会的建立为新教学法的产生奠定了基础。同时，19世纪末，语言学、心理学、教育学等相关学科也有了一定的发展，为新的教学法的产生提供了理论条件。因此，直接法作为语法翻译法的对立物应运而生。直接法作为一种新的语言教学方法更准确地反映了当时外语教学规律，它

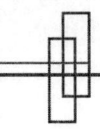

重视口语教学，能够满足用语言进行交际的要求，因而被迅速应用到学校外语教学中。

（三）教学特点

直接法具有以下一些特点：

第一，直接法把学习外语和学习母语的过程等同起来，认为外语要在自然的环境或情境中习得。

第二，直接法要求在外语和客观事物之间建立直接联系、直接运用外语思维；广泛利用实物、图画、动作、上下文、同义词、反义词、游戏等直观手段，或者用外语讲解词义来学习外语，完全不用母语，或大部分时间不用母语，以避免母语的干扰。

第三，直接法教学的基础是模仿和感知。外语学习主要靠机械模仿和记忆语言材料，熟练技巧是不自觉地经常重复，达到自动化的结果。

第四，直接教学法的另一个基础是语音和口语，是语言活动的中心。外语教学从口语入手，设置一个不接触文字的听说阶段。在这个阶段，学生只见音标，不见文字，在听说基础上再学读写，最后达到听说读写的全面发展。

使用直接法进行教学的过程应体现如下几项基本原则：

1. 直接联系原则

每教一个新词语，应把该词语所代表的事物、意义及客观表象直接联系起来。

2. 模仿为主原则

不是先学习语言规则，而是先听周围的人说话，模仿着说。以模仿多练为主，语言理论为辅。

3. 归纳途径教语法原则

让学生先实际掌握语言材料，再从他们积累的感性语言材料中总结出语法规则，用以指导以后的学习。

4. 以口语为基础原则

先口头实际掌握语言，然后再学习文字符号的识记和书写。

三、听说法

（一）定义

听说法又称口语法、句型法，是一种强调通过反复句型结构操练培养口语听说能力的教学法。它和直接法有共同的地方，就是强调口语的第一性，强调口头能力的培养。但它也有自己独特的地方，"听说领先，读写跟上"可以说是听说法特点的一种表述。

教师希望通过听说法教学，培养学生使用外语进行交际的能力。他们认为语言是一套习惯，学习外语就得养成一套新的习惯。而要这样做，就得超量地学习语言（包括语音、语法和词汇的结构），在运用各种语言结构进行交际时能做到不假思索脱口而出的程度或称为自动化的程度。为能自动化地使用外语，学生必须克服母语的旧习惯对外语新习惯的

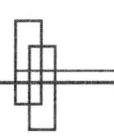

干扰。

（二）起源

从 20 世纪 40 年代开始，结构语言学、数学语言学、心理语言学、控制论、行为主义心理学等相互渗透的学科得到发展；外语教学日益依赖现代技术；各国教学法家竞相实验新的教学法体系。这给听说教学法的产生提供了理论基础。美国学者用行为主义心理学研究语言，是结构主义语言学的创立者，又与直接法大师帕默有过学术交往，他制定了以结构主义语言学和操练性条件反射为基础的陆军口语法，又称布龙菲尔德教学法。实验取得成功；逐渐完善为听说教学法并传及全世界。在听说法的发展过程中，教学过程得到了完善，成为规范的五个阶段：

1. 认知

认知即对所学句型耳听会意。主要采用外语本身相同或不同的对比，使学生从对比中了解新句型或话语。

2. 模仿

跟读、齐读、抽读、纠错、改正，同时记忆。

3. 重复、检查

学生重复模仿材料，做各种记忆性练习；同时教师要进行检查。当确信学生已能正确理解、朗诵所学句型之后，才能进行下一阶段的变换活动。

4. 变换

变换即替换操练，应按替换、转换、扩展三步逐渐加大难度。同时要注意学生的理解情况。

5. 选择

活用所学语言材料于交际实际或模拟情景之中，即综合运用。

（三）教学特点

由于听说法重视口语教学，教材中每课内容均由对话开始。因此，教授对话是听说法课堂的主要活动。听说法课堂的教学活动和特点可以总结为：教授对话，听说领先；跟读模仿，句句复述；强化操练，掌握句型；巩固口头，读写跟上。

为把对话教得生动活泼，教师可以通过不同的方式进行表演。例如，在一个听说法的课堂中，教师正在教授一个真空吸尘器推销员和一个顾客之间的对话。为了表演得逼真生动，男教师一会儿把一个蝴蝶结放在头上表演女顾客，一会儿又把蝴蝶结放在脖子前面表演男推销员。

一般说来，教师会把对话表演两次，以使学生听懂对话的内容。然后教师会要求学生一句一句地模仿跟读。如果碰到长的句子，教师会用逆向组句法来训练学生掌握难句。这样一来，一步跟着一步，学生便能把一些较长或较难的句子掌握。

多次的模仿和跟读后，教师、学生之间会表演对话。表演的形式可以是多样的，既可以由教师扮演对话的一方，全体学生扮演对话的另一方，也可以由一半学生扮演对话的一

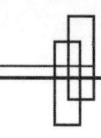

方，另一半学生扮演对话的另一方，来进行对话。无论跟读或对话，其目的都是为了使学生能背诵对话。

接着，教师会抽出对话中的一些句子做句型操练。句型操练可以说是听说法中一个很有特色的训练项目。它可以是替换词型的操练，也可以是句型转换型的操练。例如，做替换词型的操练时，教师先提供一个句子："I'm going to the post office."然后，教师可以向学生展示一家银行的图画，接着说"I'm going to the bank"。跟着他们向学生展示不同的图画：药店、公园、餐馆……训练学生说出"I'm going to the drug store/park/restaurant…"，至于句型转换型的操练则更加灵活了，教师可以说出肯定句，训练学生说出否定句或疑问句，教师也可以说出两个句子，训练学生把它们合成一个复合句（定语从句、状语从句等）。教师也可以说出一个句子和提供一个情景，训练学生说出一个某种句型的句子（如倒装句、虚拟语气的句子、感叹句等）。句型操练是训练学生掌握各种句型、句子结构的一种行之有效的训练方式。只要我们运用得当，它会是一种很好的训练项目。

不管是在模仿跟读或在句型操练的阶段，教师对读得好、做得对的学生都会给予鼓励："Good！""Very good！"以此促使学生形成好习惯。

一般来说，听说法训练完成后，教师可以布置阅读和书写的练习，以巩固听、说的效果。也就是在听、说训练完成后，教师才让学生拿到或看到所学对话的书面形式，这大概就是很多人把听说法的具体操作总结成"听说领先，读写跟上"的原因。

四、交际法

（一）定义

交际法又称功能法、功能意念法，是以语言功能项目为纲，培养在特定的社会语境中运用语言进行交际能力的一种教学法体系。

交际法教师的教学目的是培养学生外语的交际能力。"交际能力"是美国社会语言学家海姆斯首先提出的一个概念。海姆斯认为，一个学习语言的人不但应该有识别句子是否合乎语法规则的能力，还必须懂得怎样恰当地使用语言，即对不同的对象使用不同的语言，在不同的场合、不同的时间使用不同的语言。因此，外语教学应培养学生的外语交际能力，即要培养他们懂得在一定的社会环境中恰当地使用语言的能力。要达到此目标，学生需要懂得语言的形式、意义和功能。他们应该懂得不同形式的语言结构可以表示同一种功能。比如：一个人向另一个人提议做某事时，在非正式场合可说："Let's … What about …?""How about …?""Why don't we …?"在正式的场合则可说："May/Might I suggest …?""Would you care to …?""If I may/might make a suggestion …"同时他们也应该懂得同一结构可以用来表示不同的功能。比如用祈使句可以表示：

请求——Pass the salt.

建议—— Try the smoked salmon.

邀请—— Come around on Sunday.

指引——Turn right at the corner.

因此，学生要通过学习，达到使用正确的语言形式来表达思想的目标。

（二）起源

交际法起源于20世纪60年代晚期的英国传统教学方法的改革，70年代中期得到进一步的发展，80年代初期开始在我国的某些院校进行实验，交际法理论教学逐步得到推广。

它根据美国语言学家海姆斯提出的交际能力的理论，即交际能力不但应具有语言知识，而且还应具有运用语言的能力，尤其应注意语言运用的得体性，克拉申的语言习得理论也强调语言学习必须通过运用语言交际，而不是通过训练语言技能。按照交际法理论，交际法强调学习的过程，强调语言和交际相互依存的关系。

（三）教学特点

英国语言学家描述了交际法教学活动的类型，如图2-1-1所示：

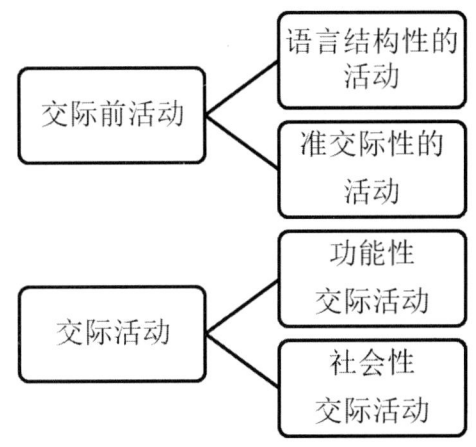

图2-1-1 交际法教学活动的类型

上述的四项教学活动是在交际法课堂出现的教学活动。准交际性的活动是为真实交际做准备而设计的教学活动。他们可以是句型操练、对话等项目，目的是对外语中的句型结构进行训练，为交际活动做好准备，没有外语结构和句型的掌握，要进行交际是十分困难的。功能性交际活动是利用语言功能获取有关信息。社会性交际活动是利用语言建立和维持人与人之间的友好，可以是角色扮演、解决问题等活动。

交际法教学有9个主要特征：

1. 以培养交际功能为宗旨，明确提出第二语言教学目标是培养创造性地运用语言的交际能力，不仅要求语言运用的正确性，还要求得体性。

2. 以功能意念为纲。根据学习者的实际需要，选取真实自然的语言材料，而不是经过加工后的"教科书语言"。

3. 教学过程交际化，交际既是学习的目的也是学习的手段，在教学中创造接近真实的交际情景并多采用小组活动的形式，通过大量言语交际活动培养运用语言交际的能力，并把课堂交际活动与课外生活中的交际结合起来。

4. 以话语为教学的基本单位。认为语言不是存在于孤立的词语或句子中，而是存在于连贯的语篇中。

5. 单项技能训练与综合性技能训练相结合，以综合性训练为主，最后达到在交际中综合运用语言的目的。

6. 对学习者在学习过程中出现的语言错误有一定的容忍度，不影响交际的错误能不纠就不纠，尽量鼓励学习者发挥言语交际活动的主动性和积极性。

7. 交际法强调以学生为中心，强调教学要为学生的交际需要服务，以语言功能为纲，根据学以致用的原则，针对不同专业的学习者安排"专用语言"的教学。

8. 主张采用多种教学手段，不应是仅仅一本教科书，而应该是"教学包"，即教师用书、辅导读物、磁带、挂图、录像、电影、电视等。

9. 让学生处于情景之中，身临其境地感受氛围，用英语进行交际，是交际教学的精髓。

对交际性活动的衡量标准：①要有交际目的；②要有交际意愿；③强调语言内容而不是语言的形式；④语言形式的多样性；⑤教师不干预；⑥语言材料不受限制。

因此，教师在交际语言教学中应做到：

（1）允许学生应用真实的、有创造性的语言进行交际；

（2）强调语言内容而不是语言的形式；

（3）学习的内容应与学生的需要有关；

（4）在教学中应赋予学生任务，即使用任务型教学法；

（5）强调应用功能法。学生不但要学习语言知识，也要学习语言文化。

在交际法的课堂里也有语言结构性的活动。这一类的活动与听说法的句型操练有相似的地方，但不完全一样。因为按照交际法学者的要求，可以把这一类型的活动设计得很像真正的交际活动。

按照交际法学者的理解，真正的交际活动应该有三个特点：信息沟、选择性和消息的反馈。缺少这些特点的对话就很可能是句型操练，而不是真正的交际。比如说，对话方都知道当天是星期二，为了要练习一下词汇和句型，一个人问另一个人："What day is today？"另一个人回答："Tuesday"。这样的对话不是真正的交际活动，因为两人之间的交际没有信息沟。当一个人不了解某事而与另一个了解该事的人交换信息时信息沟才存在。再举一例，如果我们要求一学生把一个陈述句转变为疑问句，我们可以说："Will you change my sentence into a question？""-I went home yesterday."

回答可以说："Did you go home yesterday？"但这样的对话也不是真正的交际，因为回答者没有选择的自由，而发问者又不可能从回答者的回答中了解到他是否已明白了自己的意思。从课文编写和教学课例里，我们可以看到，课文和对话的编写注意到"信息沟"这个原则。因此，教师在设计教学活动时也应注意真正交际活动的三大特点。比方说，当教师希望学生练习句型"Is it + adj ？"时，教师可以说：我脑子里想着一个球，球是个有颜色的球，你知道球是什么颜色的吗？学生可以问"Is it white/yellow/black/green …？"等。这样的操练比听说法的句型练习前进了一大步。

交际法教学另一特点是教师会尽量使用真实性的材料来进行教学，这些材料能取自外文的报纸和杂志，也可以取自外国的电台、电视台或电影。

五、任务型教法

（一）定义

所谓任务，是指特定目的的一项工作或一个活动，在教育课程中，它主要用于搜集资料进行研究的工作或活动。语言学习的"任务"就是有目标的交际活动或学生为达到某一目标而进行的交际活动的过程，是一种"在实践中学习"的语言实践。任务型教学法的核心是"以学习者为中心"和"以人为本"，是以"建构主义"为理论基础，符合二语习得内化过程的理论假设。

任务型教学法是根据单元目标和教学内容，创造性地设计出贴近学生实际生活的教学活动，即布置"一个既新颖有趣而又熟悉任务"。该课堂模式把学生的注意力聚集在怎样利用外语作为交流的工具来完成任务，而不只是关心自己所说的句子是否正确，任务完成的结果为学习者提供自我评价的标准，并使其产生成就感。这些目标是为课堂教学服务的，学生是直接的受益者。

（二）起源

任务型教学法起源于20世纪80年代，由印度邦加罗尔地区学者首先提出，同时不仅提出了任务型教学法，还在实施中总结出一整套的教学模式，是一种强调在"做中学"的语言教学方法，将语言理论和应用理念转化成了在课堂实践中的教学方式。这种教学方式充分肯定了学生的主体地位，通过教师的辅助来实现教学目标。同时，将学生学习的内容设计成一个一个阶段性的交际任务，让学生在完成任务的过程中掌握语言知识，学会运用语言。

（三）教学特点

任务型教学模式有三个阶段：任务前阶段、任务中阶段和任务后阶段。任务前阶段是准备阶段，任务中阶段是实施阶段，任务后阶段是验收与提高阶段。这三个阶段相辅相成，互相作用。其中任务中阶段是核心，任务前阶段为其创造了有利条件，而任务后阶段是前两个阶段的归纳，是促进学习者语言内化过程的具体手段。

在任务型教学法中，任务的设计不但要考虑到语言的可操作性，还要考虑到其是否具有交际性。

任务前阶段：

在开始学习课文之前，教师先要求学生以小组为单位预习课文，主要任务是搜集相关资料，并对搜集资料进行筛选、分类和总结，了解文章的背景知识，归纳出文章的主题和提纲。

同时，对课文中的生词、短语和难句进行标注、讨论，以扫除阅读上的障碍，针对这一环节中的问题和错误，教师可指出其中较普遍和典型的问题并加以纠正。

任务中阶段：

语言教学的出发点是语言知识，终点是语言能力。语言能力是在对语言规则、语言知识的反复操练下产生的。课堂语言教学应实现由语言形式到语言运用的转变。教师应在活化教材上下功夫，创设情境，鼓励学生进行有意义的交际，积极参与解决问题和完成任务的交际活动。这一阶段是整个任务的执行阶段，教师可根据前一阶段的情况，以具体任务的形式来完成这一阶段的活动，如设计小组讨论、两人对话、分组辩论、角色扮演、实地考察、民意测验和采访等交际任务，以激发学生运用语言进行交际的兴趣，提高语言交际能力。

通过讨论问题引出课文，接下来还可以提出一连串的问题来帮助学生更好地理解课文。

任务后阶段：

这一阶段主要是对前两个阶段各类任务完成情况进行总结。在课内学生主要通过复述课文和写作来完成对课文的全面理解。而课堂时间是有限的，出了课堂，往往就进入了汉语世界，英语学习环境难以保证。因而，在教学中，教师必须通过布置任务帮助学生加强课外英语实践活动，营造课外英语学习氛围。在英语课外实践中，教师应帮助学生设计、组织、安排好任务活动，如开办英语俱乐部、英语协会、英语社团、举办英语演讲比赛、辩论赛等，并对任务活动及时督促、检查、评价、总结。

六、合作学习法

（一）定义

合作学习是指学生为了完成共同的任务，有明确的责任分工的互助性学习。合作学习是一种结构化的、系统的学习策略，由 2~6 名能力各异的学生组成一个小组，以合作和互助的方式进行学习活动，共同完成小组学习目标，在促进每个人的学习水平的前提下，提高整体成绩，获取小组奖励。

（二）起源

合作学习是 20 世纪 70 年代初兴起于美国，并在 70 年代中期至 80 年代中期取得实质性进展的一种富有创意和实效的教学理论与策略。

由于它在改善课堂内的心理气氛、大面积提高学生的学习成绩、促进学生形成良好的非认知品质等方面实效显著，很快引起了世界各国的关注，并成为当代主流教学理论与策略之一，被人们誉为"近十几年来最重要和最成功的教学改革"。自 20 世纪 80 年代末、

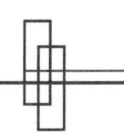

90 年代初开始，我国也出现了合作学习的研究与实验，并取得了较好的效果。

（三）教学特点

在合作型教学课堂中，教师应注意以下几个环节的操作。

1.合理分组。合理分组是该教学法的首要环节。教师需要充分发挥自身的引导作用，在分组时，主要考虑分组的合理性，如要考虑小组成员的学习成绩、成员人数，还要对小组的学习目标和角色分配等方面进行指导。

2.灵活组织。通常来说，合作型教学中的小组活动包括话题讨论、角色扮演、切块拼接、小组竞赛等。教师需要灵活安排教学活动，要让小组里的每个成员都意识到他们的行为会影响到其他组员的状态，要让小组成员明白只有以合作的方式才能完成任务。

3.科学评价。如果合作学习型教学模式想顺利进行并最终取得预期的效果，那么对合作学习效果进行评价是不可或缺的一个步骤。

七、语法翻译法

（一）定义

语法翻译法又称传统法，是用母语翻译教授外语书面语的一种传统外语教学法，即用语法讲解加翻译练习的方式来教授外语的方法。语法翻译法是外语教学中最古老、影响最远的教学法体系。

按照使用语法翻译法的教师的理解，学习外语的目的是通过学习外语培养其阅读文学作品的能力。为达到此目的，学生必须掌握外语的词汇和语法规则以便能用来进行翻译，这些教师还相信，在学习外语的过程中通过背诵语法规则、背诵词汇、应用语法规则做翻译练习等，学生可以得到很多逻辑思维的练习，从而使智慧得到磨炼。

（二）起源

在外语教学中运用翻译作为教学手段已有几千年的历史了，但从理论上对翻译法进行概括和说明，使之成为一种科学的教学方法体系却是近一百多年的事。中世纪时，拉丁语是欧洲文化教育、著书立说的标准语言，是教会和官方的语言。后来，人们学习拉丁语的主要目的是阅读用拉丁语写的书籍，以吸收古代文化。教学方法采用翻译法。到 18、19世纪，法语、英语兴起，学校开设了英语、法语等现代语言课程。由于找不到新的教学方法，教授这些现代语言的初级阶段就自然地沿用教授希腊语、拉丁语等古典语言的翻译法。

（三）教学特点

语法翻译法具有如下特点：

1.学习外语就是学习它的语法和词汇；

2.学习外语，语法既是最终的学习目的，同时又是重要的学习手段；

3.教学用母语进行，翻译是讲解、练习和检查的基本手段；

4. 以词为单位进行教学；

5. 以文学作品名篇为基本教材。着重阅读，着重学习原文或原文文学名著；

6. 在外语教学里利用文法，利用学生的理解力，以提高外语教学的效果；

7. 在外语教学里创建了翻译的教学形式；

8. 使用方便。只要教师掌握了外语的基本知识，就可以拿着外语课本教外语。不需要什么教具和设备。

关于语法翻译教学法的特点，我国著名的英语专家桂诗春教授对此进行过精辟的概括，具体有以下几方面：

1. 语法体系的完整性和整体性。语法翻译教学法借助原"希腊—拉丁语法"的规则；

2. 形成了非常完整、系统的语法教学体系。这一语法教学体系对于初学者以及外语学习者来说是非常必要的。教学实践证明，这一体系有利于学习者较好、较快地掌握目的语的整个结构。语法翻译教学法以及建立在"希腊—拉丁语法"规则上的英语语法体系有利于外语学习者认识目的语的形式、不同的词类、句子组合等。它在很大程度上符合并顺应了人们认识和学习目的语的客观规律，有利于学习者掌握好这一体系；

3. 语法翻译教学法较好地体现了外语学习的本质功能，即两种语言形式的转换，进而达到语际信息交流的实际目的。它在一定程度上验证了学习语法和词汇是一种有效的途径，同时翻译是实现信息交流的一种非常有效的手段；

4. 语法翻译教学法重视词汇和语法知识的系统传授，它有利于学习者语言知识的巩固，有利于打好语言基础，更方便于语言教师的教学安排。人们甚至将语法规则比喻成房子的结构，词汇是盖房的砖，只要将这两者相融合，即掌握了该语言；

5. 语法翻译教学法强调对书面语的分析，着重原文的学习，这样它有利于学习者对目的语的深入理解和掌握。

国外的许多语言教学研究者也从不同的角度对语法翻译教学法进行过客观的评论和描述，其中，布朗对这一教学法的优点做了以下概括：

1. 在语法翻译教学法中，精细的语法规则和广泛的词汇知识使得语言输入更易于理解。能够使外语学习者所接触到的各种语言现象系统化，由浅入深地将语言分级处理；

2. 语法翻译教学法能够帮助外语学习者肯定或否定他们对目的语所做出的无意识或有意识的假设，辨别母语与目的语的异同；

3. 语法翻译教学法能够帮助学习者将目的语的结构内化，从而提高其使用外语的能力。

语法翻译法的不足体现在几方面：

1. 翻译法不重视听说能力，在教学里没有抓住语言的本质；忽视语音和语调的教学：由于听说得不到应有的训练，学生虽然能够具备比较好的语言基础，熟知语法规则，但他们的口语表达能力较弱，口语交流的意识不强，往往在实际工作交流活动中不能有效发挥所学语言知识的作用；

2.过分强调翻译，单纯通过翻译手段教外语。这样，容易养成学生在使用外语时依靠翻译的习惯，不利于培养学生用外语进行交际的能力；

3.过分强调语法在教学里的作用。而语法的讲解又是从定义出发根据定义给例句，脱离学生的实际需要和语言水平。教学过程比较机械，课堂教学气氛沉闷，不易引起学生的兴趣。教师容易陷入单方讲解中，忽视了学习者的实践；

4.过于重视语言知识的传授，忽视语言技能的培养。

总之，语法翻译法是以语法教学为中心，能较好地培养学生分析语言现象的能力，有助于训练学生的阅读和翻译书面文献的能力，但对培养言语交际能力的作用较小，学生的语言使用能力普遍较弱。过于追求语法的精确性，忽视了学生的语言创造能力，不能充分发挥语言学习者语言学习的主观能动性。

语法翻译法是外语教学法中最古老而又最有生命力的一派，也是各种翻译法的鼻祖。由于适应性广，简单而便于使用，尽管受到了极大的挑战和批评，它至今仍为许多外语教师在实际工作中所采用，为外语教学提供很多可以借鉴的东西。

以上几种外语教学法只是几种有代表性的教学法，它们都是历史的产物。一方面它们反映处于不同时代的人们对外语教学的需要；另一方面也反映时代对外语教学问题的认识和解答。作为一名语言教师，应充分了解每一种教学方法的特点，结合实际情况选用教学模式，最大限度地发挥其长处，以达到最佳的教学效果。

第二节　现代英语教学模式的构建

一、教学模式的概念界定

教学模式又称教学结构，简单地说就是在一定教学思想指导下所建立的比较典型的、稳定的教学程序或阶段。它是人们在长期教学实践中不断总结、改良教学而逐步形成的，它源于教学实践，又反过来指导教学实践，是影响教学的重要因素。因此，了解教学模式的发展及其规律，对于提高教学质量具有重要意义。教学模式是一种教学活动的范式。教育工作者对教学实践进行分析研究，以一定的教学理论为基础，再根据经验和各种教学实践的成效，提出一种或多种的教学模式。所以，教学模式能以具体、可操作的形式体现教学的理论或理念。例如，交际教学模式体现了英语或第二语言教学应该培养交际能力这一理论，因此，教学中就有了结构教学模式或功能意念教学模式。前者多安排句型操练，后者则注重角色的扮演、问题的解决等。教学模式一方面有利于我们学习理解和掌握先进的教学理论，使科学的理论能迅速而成功地得到应用；另一方面，也有利于用成熟的经验来不断丰富教学理念，从而提高教学效率，促进学生语言能力的发展。

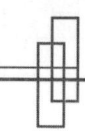

二、教学模式的功能

（一）课堂功能

教学模式有什么功能呢？美国社会科学家多伊奇曾研究过一般意义的模式的功能，指出模式一般具有四种功能：组合、启发、推断和测量。组合功能指模式能把有关资料（经验的与科学的）按关系有规律地联系起来，显示出一种必然性。启发功能指模式可以启发人们探索新的未知的事实与方法。推断功能指模式可以使人们依据它所揭示的必然规律，推断预期的结果。测量功能指模式能通过揭示各种关系，以表明某种排列次序或比率。

多伊奇对一般模式功能的研究对我们认识教学模式的功能都有启发。我们认为，教学模式的功能分两个方面，一是理论方面的功能。教学模式能以简化的形式表达一种教学思想或理论，便于为人们掌握和运用。二是实践方面的功能。教学模式的实践功能包括指导、预见、系统化、改进四种。指导功能指教学模式能够给教学实践者提供达到教学目标的条件和程序。预见功能指教学模式能够帮助预见预期的教学结果，因为它揭示出一种"如果……就必然……"这样的联系。系统化功能指教学模式能使教学成为一个有机构的系统，因为教学模式是一个整体结构，对教学的各种因素都发生作用。改进功能指教学模式能改进教学过程、方法和结果，在整体上突破原有的教学框框。

（二）理论功能

由于教学模式总是某种教学理论在特定条件下的一种表现形式，因此它比教学理论的层次要低，但又比教学经验的层次要高。"模式"这个词本身就是指一种根据观察所得加以概括化的框和结构，所以它比概念化的理论要具体；模式总是围绕某一主题所涉及的各种因素和相互关系所提供的一种完整的结构。因此它一般还包括了可供实施的程序和策略。但它又比经验层次高，这是因为它具有一种假设性和完整性，教学模式不只是简单地反映已有的教学经验，而且还要做出合理的推测来揭示原型中的教学经验，而且还要做出合理的推测来揭示原型中的未知成分，它是反映和推测的统一。各种个别的教学经验，经过逐步的概括、系统的整理可以使它通过教学模式的形成而进一步提高到理论；各种理论通过相应的教学模式可以使它成为易于为实际工作者所接受的方案。

正是教学模式的这一特征，使它能较好地充当理论与实际经验之间联系的中介和桥梁。从某种意义上可以说，教学模式既是教学改革的产物，同时又直接促进了教学改革的发展，如果通过一段时期的努力，我们能逐步建立起具有各种类型的课堂教学模式系统，也能建立起像试题库一样的课堂教学模式库，这将使我们各级各类学校的教学能逐步走向科学化。它还可以为刚参加教学工作的青年教师提供一些可供选择和参考的教学方案，使他们教有所据，从而很快地熟悉教学，使教学质量得到必要的保障。对具有多年教学经验的老教师来说，教学模式库的建立，也可以使他们不再囿于过去习惯采用的教学模式，为教学更加多样化提供了方便。同时各种课堂教学模式由于仅仅提供了一个大致的框架，它有待于在教学实践中进一步具体化，这就为创造性的教学提供了各种可能。而教学实践上

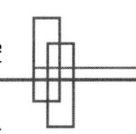

的各种改革又将进一步促进教学模式走向完善，推动教学理论的进一步发展，从而形成实践—理论—实践的良性循环。

三、教学模式构建的理论基础

（一）建构主义教学模式

建构主义教学模式是在建构主义学习理论指导下建立起来的，是建构主义理论应用于课堂教学的教学模式。它提倡的学习方法是教师指导下的、以学生为中心的学习，其学习环境包括情境、协作、会话和意义建构等四大要素，因此，建构主义教学模式主张在教师指导下，以学习者为中心的学习。学生是信息加工的主体，是知识意义的构建者，而不是外部刺激的被动接受者和被灌输的对象。教师则是意义构建的帮助者和促进者。概而述之，建构主义教学模式是指教学过程中在教师指导下，以学生为中心，以探究为主要学习方式，利用情境、协作、会话等学习环境要素，充分发挥学生的主动性、积极性和首创精神，使学生有效地实现当前所学知识意义构建的教学程序及其方法策略体系。

建构主义思想自皮亚杰提出以来，在其对学生的学习进行考虑和反思的发展过程中形成了多种流派。虽然各流派在对知识、学习、教师和学生等问题的看法有许多共同处，因而其对教学目标的要求基本一致，但由于各流派侧重点不同，教学中所采取的教学方式和步骤也不一样。目前，研究比较成熟的有：抛锚式建构主义教学模式、支架式建构主义教学模式、随机进入建构主义教学模式等。

（二）研究型教学理念

研究型教学是建构主义学习理论下形成的与之相适应的一种教学模式和方法。建构主义理论包括认知建构主义和社会建构主义。认知建构主义的开创者皮亚杰和社会建构主义奠基人维果茨基都一样重视学习的认知过程，把学习看成是学习者主动"建构"知识的过程，而不是通过他人"给予"而被动接受和使用的过程。"认知结构产生的源泉是主、客体相互作用的活动，在相互作用的活动中蕴含着双向结构。"以建构主义为理论支撑的研究型教学是指："学生在教师指导下，以类似科学研究的方式去主动获取知识、综合运用知识解决问题的一种学习方式。研究型学习与一般意义的科学研究具有一定的相似性，如在研究过程中两者都要遵循提出问题、收集资料、形成解释、总结成果这样一个基本的研究程序。在这里知识都以问题的形式呈现，知识的结论要经过学习者主动地思考、求索和探究。"可见，研究型教学理念的本质是学生主动参与的探索性学习，思维是学习的动力，学生是学习的主人，因此"外语是学会的"，"学"在这里是研习的意思。在大学英语教学中倡导研究型教学理念，应该说是为内容教学提供了一条新路。众所周知，外语是一门工具性质的学科，而大学英语的工具性就更显突出。由于没有实质的教学内容，没有像高考这样重要的教学目标，大学英语的听说读写技能训练因而就变得枯燥又机械。只有研究性教学，才使大学英语教学第一次有了真正的教学内容，并且在完成项目的研究过程中，学

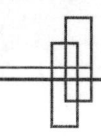

生的外语能力在实践中得到了锻炼，学生的思辨能力、创新能力得以发展，学生的学习能动性从根本上得到了改观。

但是研究型教学又不是完全淡化外语技能的培养，事实上，将所学的语言知识应用于信息获取、问题分析、精确讲说、书面写作等过程更能培养学生把外语作为一门工具的语言能力。另一方面，研究性教学在大学英语中的应用又有别于英语专业的研究性教学。英语专业的研究型教学是对英语语言学、文学和英语文化等的专业知识的学习和研究，而大学英语的研究型教学是让学生在一定范围内自主选题，题目可以是人文社会的，也可以是自然科学的，这样既锻炼了语言能力，又培养了思维能力，扩展了学生的知识面，一举多得。近年来，美国和日本等国家都设置了类似的"研究型"课程，其共同点是：重视知识的掌握，但更注重学习的方法，强调主动学习、科学精神与人史情怀并重。

（三）人本主义学习理论

人本主义学习理论对学习本质的揭示是从人的自我实现和个人意义的角度加以描述，认为学习是个人自主发起的，使个人整体投入其中并产生全面变化的活动，是个人的充分发展，是人格的发展，是自我的发展。根据人本主义学习理论，美国心理学家马斯洛、罗杰斯等创立的人本主义理论提出 10 条学习原则：

1. 人生来就对世界充满好奇心，人类生来就有学习的潜能。

2. 当学生觉察到学习内容与自己的目的有关时，有意义的学习就发生了。

3. 当学生的信念、价值观和基本态度遭到怀疑时，他往往会有抵触情绪。

4. 当学生处于相互理解和支持的环境里，在没有等级评分却鼓励自我评价的情况下，就可以消除由于嘲笑和失败带来的不安。

5. 当学生处于没有挫败感却具有安全感的环境里，就能以相对自由和轻松的方式去感知书本上的文字和符号，区分和体会相似语句的微妙差异，换言之，学习就会取得进步。

6. 大多数有意义的学习是边干边学、在干中学会的。

7. 当学生负责任地参与学习时，就会促进学习。

8. 学习者自我发起并全身心投入的学习最深入，也最能持久。

9. 当以自我批判和自我评价为主、他人评价为辅时，就会促进学习的独立性、创造性和自主性。

10. 现代社会最有用的学习是洞察学习过程、对实践始终持开放态度，并内化于自己的知识积累。

简而言之，人本主义理论主张废除以教师为中心的模式，代之以学生为中心的模式，而以学生为中心的关键，是在于使学习者感到学习具有个人意义。人本主义学习理论强调学习是一种情感与认知相结合的精神活动。在学习过程中，情感和认知是彼此融合、不可分割的两个部分。整个学习过程是教师和学习者两个完整的精神世界的互相沟通、理解的过程，而不是以教师向学习者提供知识材料的刺激，并控制这种刺激呈现的次序，期望学习者掌握所呈现知识并形成一定的自学能力和迁移效果的过程。由此可以理解，教学也不

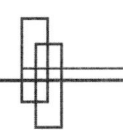

再是以教师为中心，以知识输入讲解为主要方式的活动了。要使整个学习活动富有生机、卓有成效，需要以学习者为中心，深入其内在情感世界，以师生间的全方位的互动来达到教学目标。这不同于多年来我国大学英语教学课堂以教师为主体，以教师讲解传授为主要形式的教学方法。

（四）后现代主义教学观

后现代主义教学观是在对教育"现代性"进行深刻反思的基础上形成的，具有开放性、超前性和创新性等特点。它是对现代主义所崇尚的总体一致性、规律性、线性和共性及追求中心性的排斥，主张以综合、多元的方式去建构，具有非中心性、矛盾性、开放性、宽容性、无限性等特征。后现代主义教学观对大学英语教学改革的启示表现在：

1.在打破"完人"教育目的观的同时，后现代主义者提出了自己的教学目的观。他们主张学校的教学目的要注重学生各方面的发展，不强求每个受教育者都得到全面发展，要培养符合学生自己特点及生活特殊性的人，造就具有批判性的公民。

2.后现代主义认为现代主义的课程观是不科学的、封闭的。多尔从建构主义和经验主义出发，吸收了自然科学中的理论，把后现代主义课程标准概括为4种原则，即丰富性、循环性、关联性及严密性。

3.后现代主义认为教学过程是一个自组织过程。自组织是一个通过系统内外部诸要素相互作用，在看似混沌无序的状态下自发形成有序的结构的动态过程。

4.后现代主义的师生观认为，在传统的教学中，教师处于知识传授的中心地位，而学生处于被动和弱势的地位。教师是话语的占有者，学生的自主性和潜能受到了压制，故后现代主义认为，必须在课堂教学中建立师生平等对话的平台。在科学技术日新月异的影响下，知识的传播已经发生了很大的变化，教师的主要任务是教会学生使用终端技术和新的语言规则。师生关系中，教师从外在于学生的情景转向与情景共存，教师的权威也转入情景之中，他是内在情景的领导者，而非外在的专制者。

5.后现代主义的教学评价要求实施普遍的关怀，着眼于学生无限丰富性发展的生态式激励评价，让学生充满自信，每个个体都各得其所，始终获得可持续发展的动力。它强调教学评价应该体现差异的平等观，即使用不同标准、要求评价不同的对象，主张接受和接收一切差异，承认和保护学习者的丰富性、多样性。

（五）学术英语教学理念

学术英语也是近年来在大学英语教学改革中提到的一个新的课程设计理念，它是针对在大学英语教学中盛行了几十年的基础英语提出的，基础英语的教学重点是语言的技能训练，包括听、说、读、写、译等，而学术英语分为两大类：一般学术英语和专门用途英语。前者主要培养学生书面和口头的学术交流能力，后者主要涉及工程英语、金融英语、软件英语、法律英语等课程。以学术英语为新定位的大学英语教学，既区别于以往的以语言技能训练为主的基础英语，也区别于大学高年级全英语的专业知识学习或者"双语教学"，当然也区别于英语专业学生所学的人文学科方面的专业英语。它是基础英语的提高

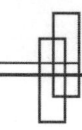

阶段，即在学生掌握了一定的规则和词汇，达到了一定的水平后，为他们用英语进行专业学习做好语言、内容和学习技能上的准备，是在大学基础教育阶段为今后全英语专业知识学习打下基础的一种教学模式。

四、现代型教学模式

由"传统型教学"到"现代型教学"的转变，必须从教学观念、教学内容与方法等方面进行变革：

（一）教学观的转变

现代教学观是主张以教师为主导、以学生为主体、以就业为导向，实现培养目标和培养规格，并以现代新技术为支撑的教学观点。采用以网络技术为依托的实验手段，依靠计算机、多媒体和远程通信技术，对教学内容、教学组织形式进行彻底变革。利用网络教学、双向教学、远程教学拥有的软件资源，开发学生智力，培养自我学习与探索新知识的能力。教学、科研和应用有机结合。以现代信息技术为依托，以科研促进教学与应用。开拓新知识，增强科研意识，提高师生的实践创新能力。以研究带动应用。其重点与难点在于探索问题、研究解决问题与成果应用三个环节。前者必须具有应用意识，后者则必须具有相应的实践技能。而这种能力的培养须依靠"现代型教学"。

（二）课程观的转变

教学内容和课程体系的改革应遵循以下基本原则：必须反映当今社会的生产力水平及科技新成果，有利于促进生产力发展；要反映人才培养目标和规格需要；要体现近代文化、科技创新；要精选教学内容，因材施教，以利于学生能力的培养与可持续发展。

课程的设置与内容的选取：以社会需求为目标，以应用能力的培养为主线，设计相应的培养方案，构建相应的课程与教学内容，基础理论课程以应用为目的，实践教学应占有较大的比例，着重培养学生的应用能力。

（三）教学方法的转变

由传统方式向互动式转变。传统教学把重点放在"什么是什么"的事实类知识的传授上，学生只能处于被动的地位，并过分依赖于教师的讲授，缺乏对知识结构的深入探讨。互动式教学是以动态问题为主，启发学生主动思考、积极参与，教师的主导作用是知识的引导与教学的组织，并将教师的主导思想，转化为学生自主的学习行动，从而获得好的教学效果。

由封闭式向开放式转变。现代型教学以现代高科技信息技术为依托，将以学校为主的传统封闭式教学转变为开放式教学，通过校园内外的网络开通多媒体教学、空中课堂、网上教学，及时获得新的知识。信息高速公路的实现必将成为最理想的开放式教学手段。

由理论教学向实践教学转变。传统教学着重于课堂教学，并强调理论的系统性和完整性。现代型教学则着重于实践课教学，使学生拥有充分的时间进行实训以掌握技术要领，

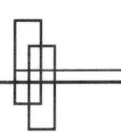

尽快地提高学生的实践能力。

现代型教学的优点在于采用因材施教的分层次个性化教学手段。由于各大专院校大量扩招，导致在校学生人数多，大课教学目前还普遍存在。在此情况下，协同学习是一种很好的弥补方式，通过课堂讨论学习的方式，使学生之间学会交流、合作、竞争，以此基础上积极创新环境，发现学生个性，分层次、分阶段地实施教学，逐步完成因材施教的个别化教学。

（四）现代型教学的实践模式

在高等教育领域，国际上比较成功的现代型教学实践模式有：德国的双元制教学模式，即企业与学校合作进行职业教育的模式。受训者既是企业的学徒，又是学校的学生，一身二属，故称"双元制"。受训者接受理论课和实训课两门课，理论课与实训课学时之比为3：7，理论课可在学校进行，实训课在企业进行，注重受训者的实践技能、技巧的培训。

另一种是北美较为流行的能力本位的教学模式，是将一般知识、技能、素质与具体职位相结合，以整合能力管理为理论基础，以模块为课程结构的基本特征，以"学"为中心，学习以自主学习的方式来进行。首先对原有的学习能力进行自我认可，确定能力的学习目标，继而进行自学活动，随即在现场进行尝试性能力操作。参照标准进行自我评定，达到全部目标者可获得国家承认的证书和学分。

我国习而学的教学模式。这种模式提倡的是边做边学，理论联系实际，学以致用，以达到学习水平和业务水平相互促进、共同提高的目的，培养出来的人才更能适应工作岗位的要求。

（五）更新教师知识

现代型教学比传统型教学更先进、更进步，其中包括以应用为主的多种形式。要奠定坚实的现代型教学的基础，教师知识的更新是关键。教师要树立继续学习、终身学习的思想。教师不能只满足于现有的知识水平，而应不断学习，更新知识结构，使自己处于学科的前沿。教师还必须承担一些具有创新性的研究课题。通过对课题的研究和探索，加深自己的专业知识，力争成为本学科的学术骨干。教师也应当深入生产实践，走产、学、研相结合的道路，在生产实践中获得足够的经验，力争成为"双师型"教师。

五、现代型教学的特点

现代型教学具有时代的开放性，以现代信息技术为依托，将教学、科研和应用有机结合，以教研促科研，以科研带教研和应用，与传统型教学相比具有如下特点。

（一）教学观念的创新性和前瞻性

在教学思想方面现代型教学比较注重知识的专题性、前沿性、开拓性，以及对现状的把握和前瞻，以现代信息技术为依托，重点放在实践教学上，以社会需求和培养应用型人

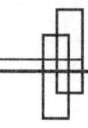

才为目标，以创新为目的。

（二）教学内容的互补性和实用性

现代型教学在高校中是将系统教学与专题研究、理论教学与实验教学、研究与应用紧密结合，教学内容的选取是以社会需求为目标、以技术应用能力的培养为主线，突出实用性，重在培养学生独立发现问题、解决问题的思维和实际操作能力。

（三）教学方法的直观性和科学性

现代型教学不仅利用传统的挂图、模型、幻灯、投影仪等教具，还充分利用现代科学技术手段，充分利用网络、多媒体，综合了计算机、图形、图像处理、电子技术、影视艺术、音乐美术、教育学、心理学、教学法等诸多学科与技术，集文字、图形、图像、声音、视频、影像、动画等各种信息于一体，使抽象、深奥的信息知识简单化、直观化，缩短了客观事物与学生之间的距离，并能充分调动视觉、听觉能力，集中学生的注意力，提高掌握知识的能力。

（四）教学模式的职业定向性

无论是德国的双元制还是我国的习而学的教学模式，或是能力本位的教学模式，现代型的教学都以社会需求为目标，以某一岗位群为目标来组织教学，培养学生的职业能力，因此，具有明确的职业定向性。

（五）教学能力的知识性

现代型教学将基础教学与应用教学、传授知识和研究新课题结合起来，并立足于学科的前沿，培养出适应时代的创新人才。

现代型教学要求教师不断更新知识，力求在教学中做到"新、博、独、深、精"，"新"，即用新观念、新思想、新方法，讲授新内容。使学生有耳目一新之感；"博"，即知识渊博，讲授内容广博，信息量大，使学生广学博收；"独"，即用独特的方法，讲授独到的见解，培养学生独立思考、独立研究的能力；"深"，即深入讲授、深入探索、深入研究，有意识地培养学生探索和研究问题的意识及信息调研的能力；"精"，即精心准备、精心实施、精讲多练，使学生易学、易记、易用。总之，培养新世纪的高等人才，需要有全新的思想观念，优化的课程体系和高水平的师资队伍，课堂教学要以社会需求为目标。我们每一位从事高校教育的教师，都必须以提高学生的实际应用能力为目标，认清从传统型教学向现代型教学发展的必然性，从教学观念、教学内容、教学方法、教学模式和教师知识结构等方面深入探究现代型教学及其特点。

第三节 现代英语教学策略研究

教学策略指的是在某种教学理念的指引下，教师基于自身对具体教学任务和情景的认识与理解，调节教学活动的系统行为，目的是使最佳的教学效果得以实现。接下来我们就对现代英语教学中的常见教学策略进行详细说明。

一、课堂组织策略

课堂组织主要包括两个构成部分，分别是决策和行动。决策关系到是不是、什么时候可以采取什么措施，包括如何进行操作等。而行动指的则是这些决策的实际操作。具体而言，课堂组织包括多方面的内容，如选择教师角色、活动的组织方式及给予指令等。每一个教师都应该对策略有一定的把握，如怎么对这些问题进行处理。可以说，教师的态度、组织技巧和意图对课堂组织有很大的影响。课堂组织最为基础的技巧主要表现在三个方面，分别是对各种问题技巧的掌握处理、处理问题方式的正确选择及行动的高效进行。

课堂教学的生命就是课堂组织，其成功是和有效使用组织策略分不开的。课堂活动由三个部分组成：教学、管理和评价。这就要求教师不仅要具有驾驭教材的能力，还要有控制课堂的能力。

（一）课堂教学策略

1. 先学后教

"先学"指的是教师向学生提出学习的要求和目标并且指导完成之后，让学生将遇到的问题记下来，在规定的时间内进行自学，之后再进行检测性的练习。这种"先学"不仅要在课前进行，在所有教学过程中都要涉及。"后教"指的是在"先学"的基础上有针对性地教，不是"教师讲、学生听"，而是教师和学生之间一边进行教育一边进行学习，学生和学生之间也要互相教导和学习。"先学后教"突破了传统教学的局限，给予了学生足够的空间和时间，使学生的自主学习得到进一步强化。

2. 精讲多练

众所周知，在传统的英语课堂教学中，教师一般基于教材进行授课，教师讲课的内容就是教材的内容，因此形成了一个趋势，那就是"以教代学"，这样的方法虽然会使学生掌握一定的词汇和语法，但是在其他方面，如听、说及交际部分都会相对不足。基于新课程的背景，教师应该将曾经深植于内心的"教师为主体"的教学观念进行改变，追求少而精。因为英语并非理论知识课，而是一门实践课，要想对学生的语言能力进行良好的培

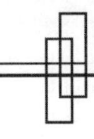

养，只是"听"而不"练"是远远不够的。英语教师不只是传授语言知识的人，同样是培训语言技能的人。因此，教师应该尽可能地改变最初课堂主人公的身份，给学生相对的自由，使其主动地去学习，也就是在把知识讲明白之后，就可以让学生自己动手操作和理解，而不是一遍一遍地进行重复讲解。无论是阅读课、听说课还是其他课程，都应如此。

3. 学案导学

所谓"学案导学"，指的是将学案当作载体，将导学作为方法，把教师的指导作为主导，将学生的自主学习当作主题，教师和学生之间一起努力使教学任务得以完成的一种教学策略。该策略可以起到事半功倍的作用。它包含诸多特点：

（1）"学案导学"是新型教学策略的一种，其目的是基于学生的自主学习，对学生自主探究学习的能力进行培养；

（2）该策略要求学生要从教师设计好的学案出发，对教材的内容进行整体认知，然后基于学案的要求来达成相关的任务，之后可以个人与个人或者小组与小组之间进行讨论，而教师则负责对讨论过程中的疑难点加以指导；

（3）该策略主张以学生为本，将学生的学习思路和教学内容的思路相结合，使学生有信心在有限的课堂时间里参与到成果的分享及合作交流方面，在"学会"到"会学"之间架起一座沟通的桥梁。

（4）情境对话在实际的学习过程中，很多学生都有较强的应试能力，但在运用语言的能力方面有很大的欠缺，尤其是平常并没有太多的时间去说英语，所以学生一般语法还可以过关，口语就不够理想。对于这样的情况，在课堂上教师应该尽可能地设计一些和生活相关、颇具趣味性的话题来让学生对话，这样一方面可以激发学生的学习兴趣；另一方面可以锻炼学生的口语，提高学生的交际能力。

5. 多媒体手段的运用

随着教学技术的迅速发展，多媒体设施已被广泛地应用到英语课堂教学中。多媒体的合理运用将有助于教学效果的提高。因此，教师应该学会运用诸多新的教学设施（如网络及多媒体等），来提升教学内容的生动性、形象性，激发学生学习的主动性、积极性。除此之外，因为网络资源具备丰富性，所以教师可以现代语言学流派与英语教学探究随时搜索、随时找到所需要的资料。另外，因为有了网络，所以教师可以利用该资源和世界各地的教师一起进行经验交流，达到教学资源共享的目的。

（二）课堂评价策略

1. 关注学生的学习行为

课上得好不好，其中有一个非常重要的因素，那就是学生的学习行为。因此，教师在课堂上应该突出学生的主体性，对课堂上学生的学习状态进行考查。具体来讲，可以对学生下面的几个行为进行观察：

（1）看学生的参与状态。该状态包括两个方面：一是广度；二是深度。从广度来看，主要是看学生有没有参与到课堂教学中，是不是参加了每个教学环节；从深度来看，就要看学生的主动性。

（2）看学生的思维状态。这方面主要看的是学生敢不敢把自己的问题提出来，敢不敢发表自己的意见，敢不敢综合运用语言知识和技能进行交流等。

（3）看学生的交往状态。语言活动能否顺利地完成，学生的交往状态是关键。一方面要看课堂上是不是拥有丰富、多向的信息联系以及信息反馈；另一方面要看师生之间、学生与学生之间是不是具有多样的交流方式。

（4）看学生的情感状态。这方面主要看的是学生是否在课堂上积极主动地参加活动，是否有过度紧张的感觉，以及对学习情绪和自我控制进行调节的能力。

上面所讲的四个方面并非孤立存在，而是互相联系的，只有将这四种状态进行统一和协调，才能对课堂教学效果做出准确的评价。

2.关注教师的教学技能

教师是否具有"高超的教学技能"，在很大程度上决定着教学能否顺利进行。教师高超的教学技能可以使学生学习起来更加有效、轻松。这种能力主要来自教师的基本素养和不懈追求教育事业的决心。具体表现就是具备比较强的课堂驾驭能力、语言规范、教态自然，可恰如其分地使用各种教学媒体。

3.关注教师的教学行为

评价一堂课是否成功，一方面要看学生，看学生的学习状态；另一方面就要看教师，看教师的教学行为。具体来说，包括以下要求：

（1）看教学目标是否做到知识与技能、过程与方法、情感态度与价值观三个方面的内在统一，是否因材施教，按照多元智能理论制定不同层次的教学要求。

（2）看教学内容是否体现基础性、现代性与综合性的统一。

（3）看教学方法运用得是否合理。

（4）看教学过程中是否留出了足够的时间和空间供学生自主发挥。

二、课堂提问策略

在英语课堂上有一个经常使用的教学策略，就是提问策略，即教师以提问题的形式，通过师生的互动，运用知识检查学生学习的教学行为方式。该策略的目的就是有效激发学生的参与意识和积极性，一方面促使其参与思考活动；另一方面还可以使其对相关问题进行解答。这种基于问答的交互联系，可以培养学生实际运用语言的能力。课堂提问策略主要包括提问计划策略、问题设计策略、提问控制策略和提问评估策略。

（一）提问计划策略

提问计划策略指的是教师在备课时准备相关的问题。这一策略有利于教师对提问的目的、内容和如何组织问题答案进行优化，而且还能够预测学生在回答时可能遇到的问题，并在此基础上准备恰当的解决方式。所以，教师只有针对教学内容准备好问题之后，才可以正式在课堂上进行提问。

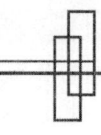

1. 明确提问目的

提问的目的与课型和教学目标之间应该相互对应。这就要求教师在备课的时候，明确教学知识点，把握教学目标，对提问的顺序进行整理。问题的类型会随着提问目的的变化而发生变化，随之发生变化的还有教师采用的技巧及提问的层次。所以，要想顺利地开展教学提问活动，确定提问目的是基础。

2. 选择提问内容

我们都明白，课堂时间是固定的，因为时间有限，教师没有办法将所有的问题都提出来，所以要对提问的内容进行选择。教师不应该基于问题的难易程度来进行提问，而应该基于教学内容、目标的侧重点来进行提问。重点对教学内容的难点进行提问，这样做还有一个好处，那就是可以让学生快速明白哪里是重点。

3. 注意组织问题

现代语言学流派与英语教学探究在对问题进行组织的时候，对于以下几方面，教师要重点关注。第一，问题一定要丰富，答案不要只是 Yes 或者 No；第二，问题不能太过笼统，应具体，具有针对性；第三，问题的弹性要足，要能够为学生提供可以发挥的空间；第四，问题里不应该将答案也带出来，这样会降低学生的积极性。

4. 预测提问中可能出现的问题

在设计问题的时候教师应该预测学生的回答是什么。在预测的时候要注意下面这几个问题：

（1）哪些概念可能会给学生回答带来障碍？

（2）所提出的是封闭性问题还是开放性问题？

（3）希望从学生那里得到什么样的回答？是定义，是举例，是问题的解决方式，还是其他？

（4）希望学生运用自己的语言进行回答，还是用所学材料中的语言回答？

（5）如何对待不恰当的答案？

（6）如果学生无法回答，该怎么办？

（二）问题设计策略

问题设计策略指的是教师有效、恰当地选择问题的技巧和方法，其中包括怎样调节、追问问题，如何进一步激发思维，如何使挑战性得到进一步增强等。这一策略使问题和以往相比变得更加清楚明白，和学生的特点更相符，对于培养学生思维能力也大有益处。就问题设计策略来说，主要包括以下几方面：

1. 简化与调节策略

简化策略对教师提出了要求，要求其提出的问题不能太难，要多以学生明白的词汇来进行。同样，调节策略也对教师提出了要求，要求其在课堂活动中提出和学生现有的思维能力、知识水平相当的问题。

2. 提出与学生有关的问题

提出与学生有关的问题指的是教师在提问的时候，其问题和讨论的话题应该是学生知道和了解的，并且提出问题的内容也应该和学生的经历范围相关，只有这样才可以最大限度地使学生的学习兴趣被激发出来，才可以使学生的参与意识得到增强。

3. 启发思维策略

因为学习并不是只有扩充知识这一个目的，而是通过分析信息来对学生的思维、认知及解决问题的能力进行培养。所以，启发思维策略对教师提出了要求，要求其在课堂提问的时候，不能有太多的信息性问题，要多提对思维有启发作用的问题，这是有效教学的重点所在。通过教师精心设计的问题，给学生造成悬念，这样可以引起学生的好奇心，进而通过这种好奇心带领学生找到问题的答案。通过这种启发思维的策略，将教师的思维和学生的思维活动联系在一起。在教师对学生的引导过程中，师生可以向同一个方向进行思考和探索，这样就在无形中增强了教学效果，达到了教学目的。

4. 提出挑战性问题

提出挑战性问题指的是所提的问题对学生的思维、语言等能力有一定的挑战性。正确回答问题对增强学生自信心及发展各方面能力来说都非常有利。但是对于提出挑战性问题要循序渐进，不能在课程刚开始时便提出一个挑战性问题，这样不仅起不到很好的教学效果，而且会打击学生的自信心，不利于正常教学。

5. 提出继续性问题

提出继续性问题涉及的情况主要有两种：第一种是如果对于某一问题学生回答得并不完整也不恰当，那么教师不要停止，应该继续进行提问，以暗示或者重新组织语言进行提醒等方式为学生提供帮助，使其可以最终回答正确；第二种是当学生回答正确的时候，教师可以基于之前的回答，慢慢地对其进行引导，使问题更加深入，这样做可以进一步促使学生进行思考。通过提问继续性问题，能够将知识点串联起来，可以在学生的脑海中形成一个完整的知识体系，从而帮助学生整体把握课堂知识点和关键点。

6. 提出发散性问题

从相关的调查中我们发现，在课堂教学的过程中，学生对发散性的问题比较热衷，而对于聚合性的问题则相对反感。所以，在课堂提问的时候，教师应该尽可能地使前者的比例多一些，这样做对于培养学生的发散思维十分有利。发散性问题能够使课堂氛围变得自由、愉快，在一定程度上改变了教师一直对知识点进行讲解的沉闷局面，学生在回答发散性问题的过程中可以形成自己的见解和认识，现代语言学流派与英语教学探究对于激发学生的创造力和拓展思维有很大的帮助。

（三）提问控制策略

所谓提问控制策略，指的是使提问过程顺利进行的方法技巧。恰当运用这一策略，对教学的进度和内容都能很好地进行控制。该提问策略具体包含以下几种方式：

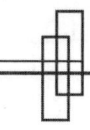

1. 提问不主动的学生

一般情况下，学生不主动回答问题可能包含多个原因，如性格比较内向，上课容易走神，注意力不集中，爱做小动作，等等。而在进行课堂教学的时候，教师可以有针对性地给予这些学生机会来回答问题，使容易走神或爱做小动作的学生回归到正常课堂教学中来，这样可以使教学活动得以顺利进行。有的学生不主动的原因是羞于表现，很可能内心十分渴望被教师提问，但是由于种种原因不敢进行表达。教师关注不主动的学生，可以帮助他们建立起学习的自信心，使其能够积极地参与到课堂活动中来，对于学生的学习积极性、主动性十分有帮助。

2. 排序

所谓排序，指的是在课堂上提问的时候，教师应该遵循一定的原则，比如从简单到难，从封闭到开放，从浅层的问题到深层的问题等。对问题的顺序进行排列，从而将知识的层次性表现出来。

3. 诱导

当教师提出问题，可是学生回答不上来的时候，教师不要第一时间就换人回答，而是应该换一种提问方式，对学生进行恰当的引导，帮助学生发现答案，该方法就叫作诱导。这样的方法对于启发学生思考有重要的作用，同时能够更好地将问题解决掉。所以，在课堂教学实践中，教师应该对自己学生的具体情况有所了解，合理使用该方法来帮助学生进行学习。

4. 转移

所谓转移，指的是当教师提问，学生没有办法回答的时候，可以让另外一个学生来进行回答。这种转移的前提是不能挫伤学生的积极性，不能伤害回答不出问题的学生的学习自信心和自尊心。

5. 问后提名

问后提名指的是提名的方式，是先提问问题，然后不要马上让学生回答，要给学生留出足够的时间进行思考，之后再提名学生回答相关问题。这种方式因为学生不知道教师会不会点名让自己回答问题，因此会积极地进行思考。问后提名的原则可以充分调动全班同学的注意力，达到整体性的教学效果。

6. 增加等待时间

增加等待时间指的是在提问之后，教师应该给学生留出 3 秒到 5 秒的时间来组织答案，该"等待"时间不可以太短也不能太长，最长要低于 20 秒。这样就可以为学生留出充分的思考时间，提高回答的质量。

7. 全方位注意

教师在提问的时候要面向所有学生，这样可以使学生的精力更加集中。这就要求教师在课堂教学过程中要全方位地把握教学大局，使学生对教师产生亲切感，从而乐于积极地参与到课堂活动中来。

8.变换

变换指的是在课堂教学中教师进行提问的时候，不要只用一种方式来提出问题或者总问同一种类的问题，应该变换角度，提出新颖的问题，这样可以使学生保持新鲜感。

（四）提问评估策略

所谓提问评估策略，指的是教师对学生的回答进行评价的方式。对于有效提问来说，该策略就是其保证，可以及时地评价学生的回答。表扬、引用、鼓励、使用身势语等都是常见的提问评估策略。

1.表扬

表扬是对学生的学习能力及表现表示认可的行为。不仅是优等生，差生对表扬的需求也很大，及时表扬可以使其自信心得到很大程度的提升，进而使其不断取得进步，最终获得成功。年龄不同的同学对表扬的需求也是不一样的。因为现代英语教学随着年龄的逐步提升，相对于教师的口头表扬来说，同学对其认可更为重要。我们一定要注意，假如问题比较简单，那么最好不要进行表扬，因为如果这么做的话，往往会取得相反的效果。

2.引用

引用也是一种表扬，这种表扬并不是直接的，而是间接的。在对答案进行陈述或者总结的时候，假如教师可以对学生的语言进行引用，那么相比口头"表扬"效果会更好一些。一句简单的"Just as … said"就会使学生获得一种被认可感和成功感，使学生可以产生足够的自信。对学生进行激励，使其可以为达到更高的目标而努力奋斗。

3.鼓励

对于缺乏自信的学生，当其回答不够准确的时候，教师要适当对其进行鼓励，协助其对原因进行分析。一定不要对其冷言嘲讽，因为这样做会使学生的自尊受到伤害。

4.使用身势语

身势语是一种非语言交际，它的表现力更丰富，拥有口语没有办法代替，只可意会无法言传的魅力。如果在教学的过程中教师可以正确地对身势语进行运用的话，就可以使学生的积极性得到很大程度的发挥，进而使学生的自信心得到同步提升。潜移默化地将其注意力集中在一起，对学生进行引导，使其积极地进行学习，从而使其学习效率得到进一步提升。

三、课堂管理策略

课堂管理指的是在教学活动中，教师基于协调课程进行中的诸多人际关系，吸引学生积极地参加到课堂活动中去，使课堂环境达到最优，进而使预定的教学目标得以实现的方法。不管是课堂授课、课堂学习还是课堂提问，要想顺利进行，都离不开对课堂的有效管理。课堂教学的效率和质量深受课堂管理的影响，对于课堂教学活动的顺利进行来说，课堂管理的作用很重要。课堂管理的具体策略主要包含纪律管理策略、时间管理策略和课堂指令。

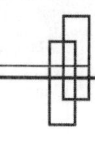

（一）纪律管理策略

课堂纪律是对课堂秩序进行维持的手段，教学和纪律管理是分不开的，纪律管理可以有效地保证教学。课堂管理指的是可以鼓励学生参与课堂学习中的行为、活动和话语，而纪律管理则指的是对学生行为进行评判。除此之外，课堂纪律还具有一个功能，那就是社会功能，它具备对道德规范的内化及对学生健康成长的促进作用。课堂纪律具体来说主要包括两个方面，分别是危机处理和维持正常纪律。课堂危机包括心理性危机（如教师紧张、怯场）和技术性危机（如 PPT 打不开等），这里不做进一步论述。维持正常纪律指的是建立课堂上的和谐的人际关系，这一关系主要包含了师生之间的关系及学习者之间的关系。一个正常的人是具备自制能力的，可以对自己的行为进行调节、控制和管理。如果教师对学生的行为进行了过度约束，那么学生会很反感，产生抵触情绪。因此，在维持纪律时，最好不要用太过生硬的措施，可是这也并不代表着教师可以对学生不管不顾，最好的方法是在给学生一定自由的同时，维护课堂和谐的气氛。只有这样，学生们才会端正自己的态度，并且密切地配合教师，一起将课堂教学纪律维持好，在和谐的氛围中一起学习。

在维持英语课堂纪律的时候，对学生违反纪律的情况进行预防，以及对学生产生的问题进行纠正极为重要。要想使良好的课堂纪律得到保持，教师可以在教学过程中采用下面几种管理策略。

1.从学习任务角度出发采取的策略

要想维持良好的课堂纪律，其中一个重要的因素就是设计学习任务。比如，教师可以基于学习内容，设计部分游戏活动，用以激发学生学习兴趣，使学生可以更加积极地参与到学习中来，这对于维持课堂纪律来说很有好处。

2.从学生角度出发采取的策略

对于学生来说，教师在维持课堂纪律的时候，借用集体的力量比一味地提要求要更好。比如，教师可以组织部分小组活动，让学生相互之间进行监督，和教师强制学生遵守纪律相比，显然前者在学生自觉性的提高方面更加有利。还有另外一种方式，那就是对学生的自我管理能力进行培养，这就要求教师在对课堂活动进行设计的时候，一方面要考虑到教学的要求和目标；另一方面还要考虑到学生之间的不同。

3.从教师角度出发采取的策略

为了使纪律管理可以得到良好的推行，教师可以在自身情况的基础上进行设计，以及采取多种多样的措施。比如，教师对学生的名字牢记在心，进行提问的时候是基于姓名而非座次；教师在课堂上讲话的时候可以要求学生时刻保持安静；对于课堂活动要有预先设计，使学生可以在活动中不至于被冷落，对每一个学生现代语言学流派与英语教学探究都要足够公平。

（二）时间管理策略

1.教学时间的分类

英语教学时间常被分成下面几个层次：

（1）学业学习时间。该时间指的是学生要以足够高的效率来进行学业功课学习的时间，属于输入投入时间。

（2）投入时间。该时间指的是在课堂教学过程中学生实际上积极地投入学习中专注于学习的时间。

（3）教学时间。该时间指的是在进行完管理和考勤、处理课堂行为问题管理任务以后，剩下的用在教学上的时间。

（4）分配时间。课程表指的是对学科上课时间进行安排的一种简单表格，而分配时间指的是基于课程表，教师为英语教学使用的时间。如图 2-3-1 所示。

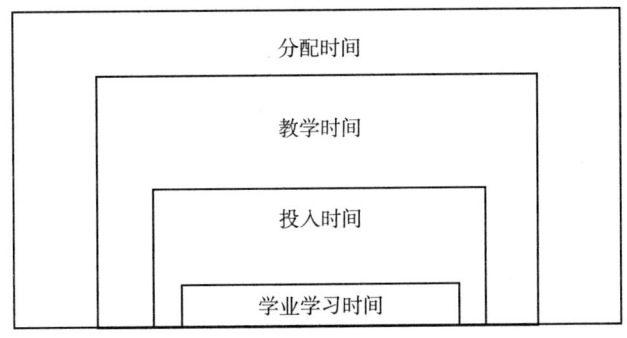

图 2-3-1　英语教学时间的四个层次

从研究中我们发现，学生课堂时间的分配质量，如学业时间及投入时间，和其成绩之间存在着很大的关联性，一般情况下都是正比的关系。相对来说，分配给教学的时间看起来不再那么关键，因为哪怕教师安排了相关的教学活动让学生来参与，可是学生拒不配合，那么这样的活动和学习成绩之间便不会有太多的关联。从中我们可以发现，所谓的为学生争取更多的学习时间，并不只是为了达到让学生参加活动的目的，而是让学生可以有更多的时间参与到具有价值的学习活动中来。

2.时间管理的具体策略

为提高课堂时间的利用率，教师可采用以下时间管理策略：

（1）提高学生参与的积极性。教学活动应该最大限度地激发学生的兴趣，进而使学生在课堂活动的参与过程中可以进一步提升积极性。这是一种很好的方法。教师应该提供更多的机会让学生参与到学习活动中去，对于这种行为，教师尤其需要进行鼓励。

（2）保持课堂教学的流畅性。该属性指的是在教学的诸多活动之间要具有连贯性，并且活动之间的转换用时要非常少，而且要给学生一个提示信号，可以将学生的注意力集中起来。有时候学生注意力不集中，很大程度上是受到教师上课的不连续性的影响。所以在授课的时候，教师一定要注重保持课堂流畅性，只有这样学生才会始终将注意力放在课堂学习上。

（3）保持课堂活动的紧凑性。为了有效、充分地利用课堂时间，在上课时尽量避免打断或放慢教学进度，应保持教学的紧凑性。学生处在这样的环境中，就会有问题可思考，有练习可做，大脑始终处于一种兴奋状态，注意力高度集中，思路也会得到很好的延续。

比如，教师在讲课的过程中突然中断，然后花费几分钟在和课堂无关的小事上，那么就会对学生参与课堂的积极性产生很大的干扰，同时还会将学生的时间浪费掉，更加难以稳定学生的情绪，难以将学生的思路转回到课堂上来。

（4）激励学生进行自我管理。和外力管理相比，学生自我管理可以使学习效率得到有效提升。比如，教师可以令学生一同参与到制定规则的过程中，对一些规则制定的原因和学生中存在的不良行为的原因进行反思。对学生进行引导，使其思考怎样对自己的学习行为进行计划、监督和调节，并且要和规则相对照，对自身的行为进行反思，以对已有的规则进行完善和补充。这样的培养过程可能会持续很长时间，教师所付出的精力也会更多，但对于学生的长远发展来说，这些都是值得的。

（三）课堂指令

课堂指令指的是课堂上教师使用教学功能得以实现的话语，是教师让学生在课堂上进行某种活动的一种言语行为。教师能够有效地使用指令，对学生的学习及教学管理都有非常重要的指导意义。

1.课堂指令的形式与意义

（1）教师指令语主要有四种类型，分别是单纯指令、伴有解释的指令、带有强调性重复的指令、指令加核查。大多数指令都是单纯指令。

（2）教师指令语包含的语言形式主要有：第二人称祈使句、第一人称祈使句及省略式指令；请求式疑问句、陈述句、陈述句＋附加问句。前三种属于直接指令，后三种属于间接指令。

（3）教师指令越简化，和其创设的语境及话题之间就会有越大的关联性，学生就越能清晰明白地理解指令，也就可以更好地完成任务。如果指令语使用得不恰当，那么对于学生理解问题就会产生干扰，进而影响对指令的执行。所以，教师应该注重课堂指令的有效性和清晰性，激发学生课堂学习的积极性，使课堂的教学效率得以有效提升。

2.发布教学指令的方法

教师在发布课堂教学指令时，应该注意以下问题：

（1）对象性。教师发布指令时应明确发布的对象是一部分学生还是全体学生。无论是哪部分学生，都应保证教学指令使全体学生明白。

（2）针对性。这里的针对性指的是教学指令，是针对课堂内容的，还是针对具体的语言点。无论针对哪个方面，都应让学生明白这样做的意义。

（3）衔接性。课堂活动的衔接应该由一个又一个指令构成。为了保证教学指令的衔接，教师应做到以下几点：使用学生易懂的语言；所用课堂指令要明确；充分了解自己的学生；指令要有激励性和号召性。

四、课堂激励策略

激励策略，就是激发学生学习兴趣，使学生积极地参与到学习活动中的方式方法。很

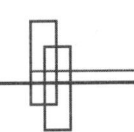

明显，激励和动机之间的关系非常密切，激励就是为了让学生心中产生学习的动机。可以这样说，激励策略的内容主要包括用来控制影响动机的因素、激发学习动机的有效教学方式，比如教师的榜样作用，以及环境、奖励、惩罚等。课堂激励的具体策略主要包含以下几个方面：

（一）兴趣激励策略

最好的教师就是兴趣。所以，可以激发学生兴趣的策略就是好的策略。作为一种心理现象，兴趣是很复杂的，培养学生的兴趣不是短时间内就能够完成的，而是需要相当长时间的引导和积累。在心理学中有一个定律叫作重复定律：所有的思维及行为重复的次数越多，就会越强。对于学生来说，教师要在其取得进步的时候及时地给予鼓励和肯定，这样学生就会有持续的动力进行学习。如果一直这样重复下去，学生慢慢地就会养成良好的习惯。

（二）目标激励策略

1. 制定目标

事实证明，没有目标的学习总会无疾而终。因为学生不知道要学什么，也不知道要朝什么方向努力，一旦遇到困难就很容易放弃。而制定目标能够帮助学生确定学习的方式、内容，使学生产生一份责任感，一切朝着目标前进，从而实现学习自主化。因此，目标激励策略是督促学生学习的一个有效方法，也是学生成为学习主体的关键。

2. 注意事项

（1）目标的可行性。目标的设立不能是盲目的，而是要建立在学生当前学习情况的基础上的。过高的目标可能导致学生无法完成，这样既没有办法对学生产生激励作用，同时也会使学生学习的积极性降低。这就是说学生设立的目标应该是通过努力能够实现的，而非过分拔高的。

（2）目标的差异性。教师帮助学生树立各阶段目标时应注意因人而异。对于年级比较低的学生来说，可以将基础课程的学习看成是学习的主要目标，对于后续的更高阶段的学习来说，扎实的基础专业知识是其保证；而高年级学生则不同，可以鼓励他们尽可能多地参加一些课外实践活动，来丰富自己的阅历；同时，对于高年级学生，可以加强综合学习，巩固学习成果。

（3）目标的全局性。全局性要求教师应该帮助学生尽早树立美好的理想目标，并从基础阶段开始稳扎稳打实现这一目标。

（4）目标的具体性。只有全局的目标是不够的。教师应该帮助学生将全局目标分解成一个个具体的小目标，并通过每个小目标的实现，一步一个脚印，最终实现全部目标。

（三）情感激励策略

人类具有丰富的情感，这些情感对学生的学习会产生不易觉察的深刻影响。例如，来自他人的关心、帮助会使学生感到温暖，并产生努力学习不负众望的想法，这就是情感激

励。所以，教师应该对学生主动表达关心，对学生的性格、爱好、优点和学习上的不足，以及取得的进步有所了解，对学生遇到的问题和困难进行帮助，培养学生之间的合作意识，一起克服学习过程中存在的消极情绪。

（四）榜样激励策略

榜样激励指的是教师选择部分具有良好学习态度和成绩的学生做全班的榜样，进而对其他学生进行激励，促使其向好学生靠拢。在此基础上，进一步使全班形成努力拼搏、积极向上的气氛。榜样激励可以从下面三个方面来进行：一是选择成绩优秀、稳定或进步较快的学生，让他们向全班同学介绍学习方法，分享学习心得，从而感染其他学生，使其产生学习的欲望。二是通过向学生介绍中外名人语言学习的经验和事迹，来激励学生。三是教师要以身作则，主动提高自身的英语综合素质和教学综合素质，一方面能够给学生更好的指引；另一方面也能为学生树立良好的榜样。

（五）奖励激励策略

奖励激励是给予学习优秀、进步者一定的物质或精神奖励的策略。虽然这样的激励方法很有效，但是有一个问题尤其需要注意，那就是物质奖励不能分散学生学习的注意力。所以，奖励的东西最好是学习用品（如英文小说等）。同时，教师也要对激励程度进行把握，使学生可以看到教师对他们的支持与关心，从而增强学习信心。另外，奖励的对象不能只有成绩优秀者，还应包括学习进步的学生，这些学生虽然成绩仍然较差，但他们的努力值得获得他人的认可，更需要他人的鼓励，这样他们才可能一步一个脚印，继续努力，最后获得成功。

第三章　现代信息技术与英语教学模式创新研究

第一节　英语混合式教学模式探索与应用

随着信息技术和网络技术的快速发展，混合式教学模式作为一种结合传统课堂教学和现代在线教学的新型教学模式，被越来越多的教育工作者所关注和应用。英语教学作为一门广泛应用的语言类学科，也在不断尝试将混合式教学模式引入到教学实践中，以提高教学效果和学习效果。本文将探讨英语混合式教学模式的内涵、特征、实践案例，并从教师和学生两个角度对其应用进行探讨，以期对英语混合式教学模式的研究和应用提供一些思路和参考。

一、英语混合式教学模式的内涵

混合式教学是将传统课堂教学和网络在线教学相结合的教学模式。对于英语混合式教学，其内涵主要体现在以下两方面：

1.传统教学和网络在线教学相结合

英语混合式教学将传统的课堂教学和网络在线教学相结合，既包括学生在课堂中接受教师授课、互动交流和学习评估等传统教学环节，也包括学生在网络平台上进行自主学习、在线交流和作业提交等网络在线教学环节。

2.注重学生个性化学习

英语混合式教学注重学生个性化学习，鼓励学生根据自己的兴趣、学习水平和学习习惯自主选择学习内容和学习方式，同时也要求学生在课堂上积极参与互动，与教师和同学之间形成积极的学习氛围，使学生在个性化学习的同时也能与他人互动，扩大学习资源。

二、英语混合式教学模式的特征

英语混合式教学模式具有以下几个特征：

1.线上＋线下

英语混合式教学模式要求包含线上教学和线下教学两种形式，学生既要有自主学习的线上环节，也要有集体学习的线下环节。

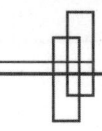
2.线上教学是必备活动

英语混合式教学模式中的线上教学部分是必备的核心教学活动，而不是可有可无的辅助活动。线上教学是与线下教学相辅相成的，是提高英语混合式教学效果的关键环节。

3.线下是线上的延续

英语混合式教学模式中的线下教学部分是线上学习的延续和提升，线下教学是在学生通过线上自主学习积累了一定的英语知识和技能后，进一步巩固和提高英语水平的环节。

4.重构传统课堂教学

英语混合式教学模式集传统教学和网络在线教学于一体，通过充分利用信息技术和网络技术优势，打破了传统教学中时间和空间的限制，重新建构了传统课堂教学活动。

5.没有统一的模式

英语混合式教学模式没有统一的教学模式，而是因地制宜、因人而异的应用。教师需要根据学生的学习需求与学科特点选择最适合的教学模式和教学手段。

6.注重学生个性化差异和发展

英语混合式教学模式重视学生个性化差异和发展，鼓励学生自主学习，提高学生的学习积极性和学习主动性。同时，教师也需要针对不同学生的特点和需求，采用不同的教学策略和方法，满足不同学生的学习需求。

三、英语混合式教学模式的实践案例

英语混合式教学模式在国内外的应用已经得到了广泛的实践和推广。以下列举几个实践案例，以期为英语混合式教学模式的研究和应用提供一些参考和借鉴。

1.北京大学"高级英语写作"课程

北京大学的"高级英语写作"课程采用混合式教学模式，将传统课堂教学和网络在线教学相结合。教师在课堂上通过讲解、讨论、小组活动等方式引导学生理解英语写作的基本原则和方法，同时利用在线平台提供英语写作相关的课程内容、练习和互动交流，使学生可以随时随地进行英语写作的自主学习和在线交流。

2.北京师范大学附属中学"国际课程"英语课程

北京师范大学附属中学的"国际课程"英语课程采用英语混合式教学模式，将传统课堂教学和在线教学相结合。教师通过课堂上的讲解和互动、课堂作业和在线测试等方式帮助学生掌握英语语言知识和技能，同时通过在线平台提供英语学习资源和互动交流平台，让学生可以在课外时间进行英语自主学习和交流。

以上实践案例表明，英语混合式教学模式在提高英语教学效果、促进学生自主学习和创新思维方面具有显著的优势。但是，英语混合式教学模式的应用还需要克服一些困难和挑战，如技术设备的不足、师生的教育观念差异、学生学习能力和兴趣的不同等。

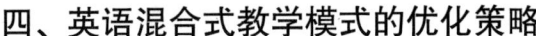

四、英语混合式教学模式的优化策略

针对英语混合式教学模式的困难和挑战，我们可以通过以下优化策略提高教学效果和学生学习体验：

1. 提高教师的教育技术水平

教师作为英语混合式教学模式的主导者和推动者，需要具备良好的教育技术水平和教学策略。教师应该学习与掌握新的教育技术和教学方法，充分利用信息技术和网络技术优势，提高英语混合式教学模式的实施效果和学生的学习体验。

2. 优化教学内容和教学方法

英语混合式教学模式需要根据学科特点与学生需求优化教学内容和教学方法。教师需要结合学生的学习需求和兴趣，制定具有启发性、创新性和针对性的教学内容和教学方法，鼓励学生参与到课堂和在线学习中，提高学生的学习积极性和主动性。

3. 加强教学管理和评价

英语混合式教学模式需要建立科学的教学管理和评价体系。学校与教师需要对教学质量和教学效果进行定期评估和反馈，对教学内容和教学方法进行调整和优化，以不断提高英语混合式教学模式的实施效果和学生的学习体验。

第二节　基于内容依托的英语教学模式探索与应用

一、定义

基于内容依托的英语教学模式是指在教学过程中，将学科领域的知识与英语语言教学相结合，以学科内容为依托，通过英语教学来帮助学生掌握该领域的知识。基于内容依托的英语教学模式突破了传统语言教学的束缚，不再以语言学习为主，而是将知识学习和语言学习结合起来，通过学科内容的学习来达到语言学习的目的。

二、例子

以学习科学为例，教师可以选取与科学相关的文章或视频，并通过这些材料来教授英语。例如，选择一篇关于地球运动的科学文章，通过阅读和讨论来帮助学生掌握科学知识，并同时提高他们的英语语言水平。

不同形式的优缺点：

1. 优点

（1）提高学习效率：CBI 模式将知识学习和语言学习结合起来，学生可以在学习知识

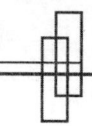

的同时提高英语语言水平，从而提高学习效率。

（2）增强学生兴趣：通过选取与学科相关的材料，学生可以更加深入地了解该领域的知识，增强学生的学习兴趣。

（3）培养综合能力：CBI 模式强调学生在学习中的主动性和综合能力，可以培养学生的语言、思维和创新能力。

（4）提高应用能力：CBI 模式注重知识的应用，可以帮助学生将所学知识应用到实际生活中，提高学生的应用能力。

2.缺点

（1）难度较大：CBI 模式要求学生具备一定的学科知识，如果学生的学科基础较差，可能会增加学习难度。

（2）语言难度较高：CBI 模式选取的学科材料通常具有一定的专业性，可能存在较高的语言难度，需要学生有一定的英语基础。

（3）教师教学难度大：CBI 模式需要教师具备丰富的学科知识和英语教学经验，教学难度较大。

基于内容依托的英语教学模式越来越受到重视，未来的发展方向可以从以下几方面进行探索和应用：

（1）更多地融合跨学科内容：基于内容依托的英语教学模式可以在多个学科领域中应用，未来可以进一步融合跨学科内容，例如将历史、地理、文学等多个学科内容与英语教学结合，从而更加全面地提高学生的综合能力。

（2）更多地注重学生的实际需求：随着全球化的发展和国际教育的推进，英语已经成为国际交流和合作的主要语言之一。未来基于内容依托的英语教学模式可以更加注重学生的实际需求，例如提高学生的口语交际能力、写作能力、听力能力等，从而更好地满足学生在国际化背景下的学习需求。

（3）更多地注重技术支持：随着信息技术的发展和教育技术的应用，未来基于内容依托的英语教学模式可以更多地注重技术支持，例如利用在线教学平台、多媒体教材、虚拟实验室等技术手段，提高教学效率和质量，更好地满足学生的学习需求。

（4）更多地注重评估和反馈：基于内容依托的英语教学模式需要对学生的学习效果进行评估和反馈，未来可以更多地注重教学评估和反馈机制的建立和完善，从而更好地监控和改进教学质量，提高学生的学习效果。

总之，基于内容依托的英语教学模式已经成为英语教学领域的一个重要趋势，未来的发展方向应该从融合跨学科内容、注重学生的实际需求、注重技术支持和注重评估和反馈等方面进行探索和应用，以更好地提高学生的学习效果和综合能力。

三、应用案例

基于内容依托的英语教学模式已经在国内外多个学校和教育机构中得到了广泛的应用

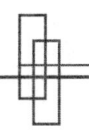

和验证。以下是一些基于内容依托的英语教学模式的应用案例：

（1）加拿大魁北克省的英语教学：加拿大魁北克省采用基于内容依托的英语教学模式，将英语语言教学与其他学科领域相结合，例如将历史、地理、文学等多个学科内容与英语教学结合，从而提高学生的综合能力和学科知识水平。

（2）中国北京师范大学附属实验中学的英语教学：中国北京师范大学附属实验中学采用基于内容依托的英语教学模式，将英语语言教学与其他学科领域相结合，例如将物理、化学、生物等多个学科内容与英语教学结合，从而提高学生的学科知识水平和英语语言水平。

（3）美国马里兰州的英语教学：美国马里兰州采用基于内容依托的英语教学模式，将英语语言教学与科技领域相结合，例如利用在线教学平台、多媒体教材、虚拟实验室等技术手段，提高教学效率和质量，从而更好地满足学生的学习需求。

四、总结

基于内容依托的英语教学模式是一种新型的教学模式，突破了传统语言教学的束缚，不再以语言学习为主，而是将知识学习和语言学习结合起来，通过学科内容的学习来达到语言学习的目的。虽然该教学模式具有一定的难度和挑战，但是它能够提高学习效率、增强学生兴趣、培养综合能力和提高应用能力等。未来该教学模式可以更多地融合跨学科内容、注重学生的实际需求、注重技术支持和注重评估和反馈等方面进行探索和应用，从而更好地提高学生的学习效果和综合能力。

总之，基于内容依托的英语教学模式是一种创新的教学方法，具有很高的应用价值和发展前景。教师在教学过程中，应该注重学科知识与英语语言教学的结合，选取与学科相关的材料，从而帮助学生掌握学科知识的同时提高英语语言水平。同时，教师也需要具备丰富的学科知识和英语教学经验，通过不断提升自身的教学水平和教学质量，来更好地满足学生的学习需求。

在未来的教学中，基于内容依托的英语教学模式将继续得到广泛应用和推广。随着全球化的发展和国际教育的推进，英语已经成为国际交流和合作的主要语言之一。因此，基于内容依托的英语教学模式将在更多的学科领域和教育机构中得到应用，帮助学生更好地掌握学科知识和英语语言技能，提高他们在国际化背景下的综合能力和竞争力。

第三节　英语移动教学模式探索与应用

1960 年以前的英语阅读教学是通过传统的语文教学领域研究得来的名称，认为英语阅读教学主要依靠大量的阅读和词汇的积累就能够达到理解的目的。想理解首先要弄明白

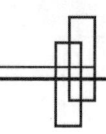

词汇的含义，理解需要依赖词汇知识才能够完成其内在价值，所以阅读教学的重点也就放在了阅读词汇的领域。英语阅读教学理论强调的是片面的理论，其侧重点与其他教学方式不同，忽略了在阅读时影响学生理解的其他因素，如语感、语境、语义等。

自 1970 年以来，交际教学的出现给阅读教学带来了很大影响。阅读教学的内容不再局限于经典的文章和语句，而是突出了材料的实践性和独特性。交际教学法认为增强学生的沟通能力是英语教学的根本性任务。所以，阅读教学模式所使用的例子应该贴近生活，源于生活，例如，电影院海报、期刊报纸、广告等阅读材料的节选，便可以运用到阅读教学当中去，使学生能够更好地理解内容、理解生活。阅读教学主要以分析语篇语境为目的，强调了学生的学习能力和学习过程。

阅读理论中结合认知理论能够使读者获取某种阅读含义，读者在阅读的过程中，能否理解文章中的中心思想和内在理念，要看读者是否对文章的整体结构具有清晰认知。认知结构通常指读者的知识背景，简单点说，就是读者从小到大积累的语言文化和知识积累程度。读者若是知识背景相对较浅，便无法真正理解文章的内在含义，知识背景的积累程度不够充分，会阻碍读者的理解思维，从而输入错误的信息要素，相互结合便会形成一个更加离谱的结果。所以，想从根本上提高读者的阅读理解能力，首要任务便是改善读者的知识背景。知识背景与理解能力之间的地位是平等的，二者互相联系，密不可分。

另外，随着阅读理论的研究不断突破，人们开始着重关注阅读能力的心理影响和阅读构成要素，并在信息处理的过程中找到阅读行为所构成的部分。结果显示，阅读并不是简单地对读者进行信息传播和接受信息的过程，而是需要读者在接受阅读信息后，对信息进行分析和筛选，选择最适合、最正确的信息点进行保留，并对信息进行加工和处理，最终形成一个正确的理解架构，填入准确的信息点进行补充。阅读过程在不断考验着读者的分析能力和语篇组织能力，研究这方面的学者也针对此领域提出了不同的阅读模式，用来解释不同的阅读过程，如图式理论、交互模式、自下而上模式、自上而下模式等，这些理论的探讨为阅读教学策略的研究奠定了理论基础。

人们在经历了长时间的教学研究后，对阅读教学的定义达成了一致：阅读是一种有目的性的活动，是发生在文字与读者之间的沟通过程，人们为了获取娱乐信息或不同目的而进行阅读，其主要是通过读者所选择的阅读材料而决定的。在长期的阅读过程中，人们可以利用不同的阅读策略和技能，例如：语篇能力，把整篇内容和不同部分的知识点衔接起来，构成一篇连贯的阅读文章；语言能力，认清不同结构的不同要素，包括对词汇的掌握和对语法知识的辨认；策略能力，主要是指利用自身所积累的阅读能力对文章进行理解，并具备一定策略意识；社会语言学能力，指不同的文章所涵盖的知识内容和整体框架。对于阅读教学来说，怎样提供给学生不同的语言材料，使学生所获得的阅读能力能够得到大幅提高，离不开这些阅读策略和阅读技能，只有把阅读教学与知识的获取相结合，才能够达到真正意义上的理解和学习。

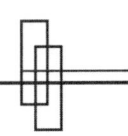

二、阅读教学的理论基础

在阅读的过程中，人们主要通过视觉感官进行阅读和了解信息，这种方式能够快速地引导人们获取重要的知识点。阅读行为从心理学领域看，是发送者传递信息到接收者大脑的过程，这里所说的发送者一般指材料或文章的创作者，接收者指阅读这些材料和文章的读者与学生。大脑的活动及语言学习之间的关系是通过人们对文字进行加工处理并获取到信息的整个过程而体现出来的，阅读过程从根本上说就是提出问题、解决问题的过程。因此，阅读教学的理论基础涉及语篇的结构、阅读的心理过程，以及由此而得出的影响阅读的各种因素。

（一）语篇分析

篇章语言学是 20 世纪 50 年代才发展起来的一门科学。语篇分析是指对比句子更大的语言单位所做的语言分析，目的在于解释人们如何构造和理解各种连贯的语篇。

1.衔接

衔接是语篇特征的重要内容，它指通过语法和词汇手段把语篇中的句子或较大语段的意义紧密联系的现象。英语语篇中主要的衔接手段包括参照、替代、省略、连接和词汇照应。

（1）参照

有些语言单位本身不能做出语义解释，需要参照另外的一些单位才能明确它们的意义，这些单位之间就构成参照的关系。从所使用的语言手段来看，参照包括人称、指示和比较三种方式。从语言和非语言因素去分析，参照包括情景参照和语境参照两种。用语言内部的信息可以解释其含义的是语境参照。必须依靠话语所处的客观环境去解释的叫情景参照。

（2）替代和省略

一个单位代替另一个单位，就构成替代关系。有些单位被省略，就出现省略关系。替代和省略除了加强语言的结构联系外，还可以使语言富有变化，不枯燥，简洁活泼。

（3）连接

连接成分的衔接作用是间接的，它们本身不能直接影响上一句或者下一句的结构，但是它的具体意义表明必须有其他句子的存在。连接成分表达的是语义上的关系，而不是语法关系。

（4）词汇照应

词汇照应是指通过词汇的选择而产生的照应关系。词汇照应手段主要有重申和搭配两种。重申有重复、同义词或近义词、上下义词、概括词等四种形式。搭配也是实现语篇衔接的重要手段，这里所说的搭配是指词与词之间的一种共现关系。有一些词，意义很不相同，甚至是反义词，但经常出现在同一语境，使它们具有衔接的作用。

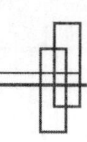

2.连贯

较衔接而言，关于连贯的研究更复杂一些。《语篇中的词汇模式》一书就有这样的观点：衔接是客观的，连贯带有主观性，对连贯的判断因人而异。正因为如此，语篇连贯的标准问题一直是语言学界争论的焦点。许多语言学家都从不同角度提出了自己的观点。这些观点可分为两类：一是认为语篇连贯有形式上的体现，并且提出了语篇连贯的条件，即衔接性、一致性及关联性；二是认为语篇连贯在语言形式上没有体现，主要依赖语用含义。比较具有代表性的是韩礼德、莱因哈特及朱永生提出的连贯标准。韩礼德围绕衔接的作用提出了连贯标准。他认为语篇连贯必须满足两条标准：一是上下衔接，就是指通过照应、省略、替代和连接等语法手段及重复、同义、上下义和搭配等词汇手段把语篇中的不同成分从意义上联系起来；二是符合语域条件。朱永生给连贯确立了一个定义并提出了"话题"标准，即判断段落之间和句子之间是否在意义上相互连贯。具体表现为：一是话语内不同的组成部分所表达的命题彼此相关；二是话语内不同组成部分所表达的言外之意彼此相关。他认为只要符合任意一条标准，语篇就是连贯的。范迪克指出，连贯是话语的一种语义特征，它依赖的是每个单词的解释与其他句子的解释之间的联系。布朗等认为，语篇的连贯性是听者和读者在语篇理解过程中强加给语篇的效果。斯塔布斯也提出，听者的解释创造了语篇的连贯。威多森在区分衔接和连贯这两个概念时认为，连贯指的是"命题的言外功能及这些命题如何被用来创造不同类型的话语"。克里斯托指出，连贯是语篇中所表达的各种概念和关系必须彼此相关，从而使我们对语篇的深层意义进行合理的推理。裴多菲在对语篇进行形式分析时认为，语篇连贯是语言外的连体在头脑中的映像。克里斯托又从语篇本身的特征出发，把连贯定义为"为了理解一段话语潜在的功能性的联系而假设的组织原则"。格姆斯巴赫等指出，连贯性是一种心理现象，而不是语篇或社会语境的特点。

3.语篇的结构

由于语篇的交际功能、语篇的主题和内容、文章的体裁、作者的风格等方面的差异，语篇的结构也多种多样，但是，同一类型的语篇也会呈现出基本相同的结构。较大的语篇通常都有开头、中间、结尾等部分。例如，故事的开头往往对时间、地点、人物等作出交代，中间部分主要描述故事的发展，结尾部分一般要描述人物和事件的结局或者给人的启示。议论性的语篇开头一般提出问题，说明该文要议论的主题，中间部分则对开头所提出的问题进行分析，对论点加以论证，结尾部分则提出解决问题的办法或者得出结论。书信的开头是称呼，中间是正文，结尾则是结束语和落款。在一个语篇的内部，所有的句子都是以线性的方式依次排列起来的，但是句子之间都通过不同的关系结构连接起来，这些关系结构主要包括顺序、层次、连环和平衡。

（二）语篇理解的模式

篇章阅读研究最早开始于 1932 年采用实验心理学方法对篇章阅读与记忆的研究。在此之后大约 40 年间，更多的阅读研究都是教育心理学家为课堂教学的应用而开展的，他

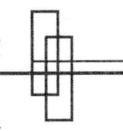

们研究的主要目标不是对篇章理解实质的探索，研究者也缺乏一个清晰的理论模型来支持研究和指明方向。直到 20 世纪 60 年代末，在信息加工主流思想的引导下，现代认知心理学的迅猛发展大大地激发了研究者对篇章阅读领域的兴趣，他们对语篇理解的过程进行了大量的研究，并提出了各种语篇理解的模式。他把这些模式分为三种类型：自下而上模式、自上而下模式和互动模式。

1. 自下而上模式

自下而上模式是一种传统的阅读理解理论，它起源于 19 世纪中期，采用信息加工的理论来阐述阅读的过程，是一种文本驱动型的模式。即从看到的书写文字符号到理解文字意义的整个过程，低级的小单位字母加工发展到高级的词、句子乃至语义的加工过程。这个模式认为，阅读是从字词的解码开始直到获取文本的意义，即阅读过程是一个从左向右对字母、词、句子、语篇的有组织、有层次性的自下而上的理解过程。根据这个模式，理解一个语篇，读者必须首先具备一些低级或简单的语言知识。由此可见，自下而上模式强调的是语篇本身的作用，阅读过程中遇到的问题就是语言问题，学生理解失败主要是由于缺乏足够的语言知识。受自下而上阅读模式的影响，传统的阅读教学主要按照词、句子，再到语篇的次序，按照由低到高、由简到繁的线性信息处理过程进行，教师的主要任务就是帮助学生解决语言知识的问题。

自下而上模式说明了信息加工中的线性模式对阅读研究的影响，但没能说明阅读过程中各种信息之间的相互作用，只是局限在字、词、句这样的线性理解层面，忽视了读者可能会从语篇以外的其他地方，如读者已有的知识中提取有关信息并对它进行加工这一情况。虽然语篇是以层次结构的形式把信息呈现给读者的，但读者可以直接在任何水平上提取并对已有的知识进行加工，以补充或者预测来自文章的信息流。字母在词中出现要比单独出现更容易察觉，词在有意义的句子或语篇中出现要比单独出现时更容易识别，不管句子的句法如何复杂，深层语义关系贯通一致的句子要比语义关系混乱的句子容易整合。它把低层次过程与高层次过程截然分开，没有意识到读者可能带进阅读过程中的高层次知识的作用。

2. 自上而下模式

自上而下模式是于 20 世纪 60 年代后期在认知心理学的影响下发展起来的阅读理论。1967 年，古德曼提出了著名的"阅读是一种心理语言学上的猜字游戏"理论，认为读者利用已有的句法和语义知识来减少他们对语篇中书面符号与语音符号的依赖，并具体划分出阅读的四个过程：预测、抽样、验证和修正。首先，读者预测语篇中的语法结构，运用他们的语言知识和语义概念，从语篇结构中获取意义，因此，语篇必须含有意义并且是用功能健全的语言表达。随后，读者从书面符号中抽样以证实他们试探性的预测。读者在阅读时不断地从三种可利用的信息中抽样：字形读音、语法和语义。字形读音信息取自书面符号，语义信息则要靠读者的语言能力。在抽样的过程中，读者不必看清每一个字母与单词。换言之，读者只选择读物中能证实他的预测的线索。读者的句法、语义知识层次越高，他们抽样的选择性便越强。抽样后如果预测的意义被证实，读者将对随之而来的内容进行新的猜测，如果他提取的样品不产生意义，或者预测的书写符号输入没有出现，则需要从读物中提取更多的信息以修正错误的预测。

所谓概念能力是指读者能否将阅读时输入的零碎信息迅速汇集成概念的能力；所谓背景知识是指读者的常识和有关某一领域或话题的知识；而处理策略指的是阅读能力的各方面，既包括句法、语义及篇章结构的知识，也包括各种阅读技能，如略读、查读等。在阅读中，三者互相作用，让逻辑思维能力和背景知识来赋予文字以意义。自上而下模式认为读者不是被动地接受文字信息，而是依靠读者本身因素主动地理解读物，因此，自上而下模式是一种读者驱动型的阅读模式。

自上而下模式有很多不同的变化，总体而言，它们的特点可以归纳为以下几点：认为阅读是一种主动在读物中寻找意义的思考过程；强调读者已掌握的知识与技能在理解中的作用；认为阅读是有目的性与选择性的，读者只专注于可以实现他们目的的内容；认为阅读有预见性，已掌握知识与对理解的期望及阅读目的之间相互作用，使读者能预见读物的内容。

3.互动模式

20 世纪 80 年代中期，卡瑞尔对认知模式提出质疑，认为认知论者在强调背景知识上走向了极端。他提出了阅读的"互动模式"，认为阅读是同时运用各个层次的信息加工来重构信息的过程，即是一个不仅运用背景知识而且运用语言知识、辨认语言形式的双向过程。互动模式包括各种各样的理论，其中图式理论是影响最大也是最著名的一种。心理学家巴特利特在 1932 年最先提出图式理论。就其理论来源来看，现代图式理论与格式塔心理学有密切的联系。图式理论曾经为认知心理学的发展提供了广阔的视角，但被随后兴起的行为主义所掩盖。20 世纪 70 年代图式理论又引起了人工智能研究者的极大兴趣。70 年代后期，图式理论被广泛用于阅读理论的研究之中。图式是人们对于物体、事件或者情形等一般性概念的抽象表征。例如，我们每个人对"house"的概念都有一个抽象的表征，这一表征可以因人们加上不同的修饰词，如"enormous"或者"squalid"而发生变化。另外，个人的不同经历及文化的差异也会造成人们对于同一概念抽象表征的不同当图式代表一种情形时，人的大脑中与此情形有关的一系列事件或者事件的一系列顺序就会出现。尚克和阿贝尔森把这种现象称为"剧本"。例如，"就餐"这一情形的一般剧本包括预订座位、乘车、到达餐馆、就座、点菜、就餐、结账、离开等。

图式理论认为阅读图式可以分为语言图式、内容图式和形式图式三种。语言图式是读者掌握的语言知识及运用语言的能力，指读者已有的语言知识，即语音、词汇和语法等方面的知识。内容图式指读者对语篇内容的熟悉程度，即狭义的背景知识。它由两个方面的内容构成，关于某种文化或亚文化的生活方式、社会制度等方面的知识。一般来说，读者的背景知识越丰富，就能将越多的注意力集中在高级阶段的信息处理和提出假设上，从而更好地理解文章。充足的背景知识甚至可以对较低的语言水平产生一种补偿效应，也就是

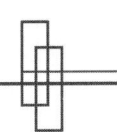

说，背景知识可以在一定程度上弥补语言水平的不足，以保证顺利阅读文章。形式图式指读者对语篇结构的熟悉程度，即我们通常所说的语篇知识。有研究表明，以时间顺序为结构的叙述文和单向性结构的描述文比其他结构顺序的课文更容易记忆。这说明对文章结构的了解确实能增加读者对文章内容的吸收。还有人发现从一般到具体结构的论说文比具体到一般结构的论说文更易于理解。

在认知过程中，图式的主要作用是用来说明人的理解过程。人的理解过程实质上是一种释义过程。释义时需要个体已有的图式中相关知识的参与，通过分析、推理、对照、综合等心理过程，来运用和贯通知识，从而解决问题。具体到阅读活动，图式理论认为，阅读对象即文章本身不具有任何意义。意义蕴藏在读者的脑海里，取决于读者阅读过程中对大脑中相关的图式知识的启动情况。我们说一个读者读了一篇文章，说明读者具备与该文章相关的图式，并且这个图式提供了与该文章的各方面一致的解释说明。阅读理解就是选择和激发能够说明输入信息的图式与变量约束的过程，就是说，阅读理解首先是输入一定的信息，然后在记忆中寻找能够说明这些信息的图式，当找到足以说明这些信息的图式或者是将某些图式具体化以后，就产生了理解。在理解过程中，加工的层次是循环递进的，随着阅读行为的不断进行，更高层次的图式被激活，理解的循环就走向更高的水平，产生对句子的理解及对语段与篇章的理解。

图式理论的发展准备比较广泛，不同人的大脑中都存在图式理论的覆盖，在解决具体实践问题时，图式理论便能够发挥其自身作用，来帮助人们解决这个问题。心理学家认为，图式理论的发展模式存在两个方向：一种是自上而下；一种是自下而上。也就是说，图式理论的应用和发展能够帮助人们对某一事物进行预测和联想。例如，当读者看到一篇文章时，只读了标题中的几个字便能够从大脑中筛选出其中的关键词和信息，对下文所描述的内容有了大概了解，这便属于图式理论的外在反应。图式理论的发展过程分为不同阶段，每个阶段都有高低之分，都是图式理论的一部分，起着重要的影响作用。图式理论的两种模式之间存在一定联系，这两种方式能够在彼此发生变化时，相互对内容进行补充。例如，当读者对文章中的信息与大脑中的图式理论相一致时，自上而下模式便能够将两者融为一体；当文章中出现的内容与图式理论不一致时，自下而上模式便能够推动发散思维，帮助读者尽快了解文章的梗概，并对其进行合理理解。这两种方式的结合，对读者的理解能力和阅读能力起着至关重要的作用。图式理论能够弥补读者在阅读方面存在的缺陷，读者也能够在进行阅读的过程中有一个良好的阅读体验，帮助读者理解不同的文化内容。从图式理论发展的角度讲，读者在进行阅读时，整个过程是呈现出动态变化的过程。在这个过程中，读者可以根据图式理论的作用，调整自己的阅读方式和阅读心态，充分利用图式理论吸收文章中的内容，丰富大脑中的知识框架，用已有的图式理论来证明内容的可行性，使读者充分吸收与利用这些知识和文化资源，不断提高自身的阅读能力和语言文化素养。

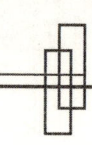

（三）阅读速度与理解率

阅读教学的目的首先在于培养学生的阅读能力，而衡量阅读能力的基本标准包括阅读速度和理解的准确率。以英语作为本族语的读者通常根据阅读目的、阅读材料的难度及自己所熟悉的背景知识，以三种速度进行阅读：第一种速度为学习速度，这是用来阅读教科书和法律文件等材料的慢速阅读。用这种速度阅读时，要求达到的理解率为80%～90%。第二种速度为中等速度，这是受过教育的本族语读者用来阅读报纸、杂志、小说及故事等日常材料所用的速度。用这种速度阅读时，对理解的要求相应降低。第三种速度为扫读速度，这是本族语读者快速浏览所读材料，对理解不做要求时所用的最快速度。用这种速度阅读时，需要降低对于理解的要求。

从本族语读者的阅读情况来看，阅读速度和理解率之间呈负相关，也就是说，速度越快，理解率就越低。但是在外语教学中，由于阅读目的的不同，而且学生的阅读速度也不会像本族语读者的阅读速度那样，速度呈现较大的变化，阅读速度与理解率之间的关系则不尽如此。相关研究表明，阅读理解率在一定范围内并不受阅读速度的限制。换言之，并不是阅读速度越慢阅读理解率就越高。其实，对于英语学习者来说，阅读速度和理解率之间存在相互促进的关系，加深理解可以加快速度，而且加快速度也能加深理解。

回视，也称回跳，是对于已经看过的内容感觉不放心，再度倒回来阅读的现象。总体来说，回视不能完全避免。即使阅读能力强的人，有时也会倒回来看。一方面，回视是读者的阅读水平所造成的，阅读水平越高，回视的次数也就越少；另一方面，某些回视则是由于缺乏自信，担心漏看的患得患失的心理所致。

从是否出声的角度来看，阅读可以分为朗读和默读两种。朗读的时候需要出声，但是有时候在默读时，读者虽未发出声音而嘴唇翕动，也称唇读。另外，在无声音化阅读中，有的读者虽然没有发出声音，嘴唇也没动，但却在心里念着。不管哪种方式，发音器官都处于紧张的工作状态。心理学研究表明，这两种阅读的速度很难突破讲话速度。对中国英语学习者来说，声读或无声音化很可能是早期学习中，以音读为中心的学习法和精读中养成的阅读习惯对正常外语阅读产生的负迁移现象。这种习惯不仅有碍阅读速度，而且由于它过分依赖语言本身而不是语义，也影响阅读理解的广度与深度。

三、现代英语阅读教学理论

（一）英语阅读教学存在的问题

1. 教学观念不正确

许多教师对阅读教学在英语教学中的作用存在不正确的认识，主要表现在以下两方面：

（1）将阅读教学等同于词汇教学、语法教学

传统的英语阅读教学理论认为，词汇、语法和语言知识是阅读教学的重点。因此，许多教师过分重视语言知识的传授，并把大部分课堂时间用于阅读材料的细节性解释上，常

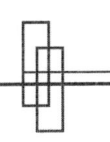

常抓住一个单词、语法点大讲特讲，使阅读教学呈现"讲解生词—逐句逐段分析—对答案"的定式。

（2）将阅读速度等同于阅读能力

有些教师认为，阅读速度加快就意味着阅读能力的提高，并据此来开展教学活动。事实上，阅读速度与阅读能力并没有必然关系。因此，教师应根据阅读材料的题材、要求、目的来灵活掌握阅读速度。

2.教学方法落后

英语阅读教学方法的落后体现在，教师在课堂上只注重生词、句型及语法等知识的讲解，不注重与学生的互动及实际运用。这种教学方法的应试性比较高，学生的主体地位不突出，无法激发出学生的学习兴趣，阅读习惯阅读技巧等均得不到培养，学生很难积极主动地参与到课堂教学活动中，不少学生听课时心不在焉，甚至打瞌睡，费时、低效现象严重。因此，教师除对文章重要信息进行必要的解释外，重点应启发学生在阅读中进行积极的思维活动，并培养学生在词汇猜测、结构梳理、内容预测等方面的能力。

3.学生阅读习惯欠佳

高质量的阅读离不开良好的阅读习惯，而不良的阅读习惯对阅读理解会产生不容忽视的阻碍作用，更影响着思维的连贯性及理解能力。因此，教师应指出并帮助学生克服自身的毛病，培养正确的阅读习惯，以帮助学生提高阅读效率。

（二）英语阅读教学的内容

英语阅读教学包含培养学生的各种阅读技能，通常包含以下几方面的内容：

1.辨认单词。

2.猜测陌生词语。

3.理解句子之间的关系。

4.理解句子及言语的交际意义。

（三）英语阅读教学的原则

1.因材施教原则

学生个体在很多方面都存在一定的差异，学生的个体差异直接影响学生的阅读进程。因此，教师应根据不同水平学生的特殊需要，因材施教，尽可能使每个学生都能相应地发展阅读技能。对于一些阅读成绩不佳甚至自暴自弃的学生，教师可以先给他们提供一些简单的阅读材料，并逐渐加大难度，让学生看到自己的进步，并多表扬他们，以增加学生学习的兴趣和信心。而对于一些基础好的学生，仅仅靠课堂上的阅读是满足不了他们的阅读欲望的，教师应向他们布置一些富有挑战性的阅读任务，如介绍和推荐一些通俗的世界名著等读物，以满足他们的阅读欲望。

2.调节速度原则

阅读速度和理解能力因人而异。有的学生阅读速度快，理解能力却比较差；有的学生阅读速度慢，但理解能力强。因此，阅读速度的快慢和理解能力的好坏并没有直接的关系。调节速度原则的出发点就是要求教师在阅读教学过程中做到张弛有度，根据不同阶段的教学目标做相应的调整，避免因一味地追求加快速度，而忽略了学生对阅读材料的理解程度。

3.培养兴趣原则

学生对阅读是否有浓厚的兴趣直接影响阅读教学的成效。学生对阅读产生了兴趣，便会积极主动地投入到阅读的学习当中。例如，可以通过课堂中的师生互动进行教学，这样不仅能够增强学生的主观实践能力，还能够增强学生自身学习英语的兴趣，或是教师在备课的过程中，找寻一些趣味性较强的英语实例，使学生能够在边学边玩中增强自身的英语学习能力，使学生真正意识到学习英语的重要性。

4.精读与泛读相结合原则

阅读教学大致可分为三种：精读、泛读和快读。精读比较注重阅读的准确性，具有高质量的特点，精读有助于学生巩固与扩展词汇，提高分析性阅读的能力。泛读则注重阅读的流利程度，加大阅读量，泛读有助于增强学生的语感，提高综合性阅读的能力。快读侧重于培养学生的各种阅读技巧，提高阅读速度，具有高速度的特点。

精读、泛读、快读三者相辅相成，精读是泛读的基础，泛读是快读的基础，而快读可以使泛读更广泛、使精读更深刻。只有将三者结合起来运用于阅读教学中，才能真正提高学生的英语阅读能力。因此，在英语阅读教学中，除了要加强精读和其他各环节教学之外，要切实抓好泛读和快读教学，对学生进行全面训练。

（四）英语阅读能力培养的方法与途径

兴趣是最好的教师，兴趣是人们爱好某种活动的倾向。学生对他所学学科越有兴趣，学起来就越自觉，越学越好。为此，我们就要不断地激发学生学习英语的兴趣。可用实物、图片或幻灯及多媒体等多种现代教学设备，让学生参与课堂的全过程，创设不同的情境，提供丰富的材料，激发学生的兴趣和参与热情。教师应采用各种生动、有趣的教学方式激发学生学习英语的兴趣，坚持用英语组织课堂教学，用优美的语音、语调感染学生，用风趣、幽默的语言启发学生，选用实用、生动、有趣的例句，使学生在轻松愉快中获得知识，同时尽可能多地为学生创造语言实践的机会。

1.增强学生的语篇分析能力

（1）巩固语言基础知识

英语学习内部结构主要分为两个领域：一是语言基础知识；二是语言基本技能。语言基础知识主要包括惯用的词汇和语法，基本技能包括正确运用不同环境中的语义和语序等技巧。只有把语言基础知识和语言基本技能融入听、说、读、写这四个主要学习领域，才能够真正发挥其内在作用和价值。所以，想从根本上提高学生的语言基础水平，首先要保证学生的英语基础知识水平。

（2）提高语义分析能力

在掌握了基础的语法和词汇后，怎样理解不同词汇在不同语境中的意思，也是学生学习英语课程的重中之重。所以，在词语理解的过程中，要着重加强学生的阅读能力，增强学生语篇和文章的技巧分析技能。所以，英语阅读教学中，教师所选用的材料要与学生日常所接触到的知识和文化贴近，不能找寻学生日常接触不到的信息知识进行教学，这会导致学生无法从根本上认同材料的实践性和真实性。语篇文章要尽量多元化，包含丰富的句式和大量词汇，考查多种知识点，在此基础上，教师应该着重检查语篇文章的题材特点，结合材料背后的知识信息和包含内容进行概括，并略读语篇文章，通过问答或列表等方式对文章进行大致了解，分段进行阅读，找出各段之间的语义联系和中心思想，对不同背景下的文章进行整体理解，指出文章所包含的所有修辞手法和语义转折，分析其中的逻辑和思路，同时将所学知识内容渗入过程教学法中，让学生能够对文章进行整体分析，提高其语言阅读能力和分析能力，从根本上提高学生整体外语水平。

2. 提高学生阅读速度

阅读的速度与学生对英语阅读练习和理解存在很大关联，学生的阅读理解能力弱，阅读习题接触较少，会导致学生在阅读过程中对生词和整体语言思路定位模糊，使学生的阅读速度较慢。教师要从学生的阅读练习基础上对学生进行培训，训练学生阅读技能的应用，掌握阅读技巧，帮助学生利用上下文的语言文化结构了解文章概要，运用推理和联想等方法理解文中的生僻词语，使学生利用阅读技巧分析阅读文章，以此来提高自身阅读速度，解决学生的阅读障碍。

3. 培养学生的英语文化基础

英语教学整体知识框架反映的是语言和文化之间的关系，这意味着学生尽管掌握了一定的语言基础知识，但若缺乏该语言文化的产生背景和生存条件，将很难正确理解该语言的实际意义。在阅读和理解相关英语文章时，难免会存在阅读障碍，同时，语言生存的知识文化背景也是造成学生阅读障碍的主要原因之一。语言与文化之间相辅相成，二者有着密切联系，但在现代英语教学的过程中，文化和语言之间的重要性却没有得到足够重视。由于现代英语教学理论的文化生存背景与我国差异较大，很多教师并没有真正了解西方国家文化的时代背景。所以，在学习英语的过程中，学生只能根据基本的知识去定义该国家的文化背景，导致很多时候学生对文化专业知识的理解不够深刻，这种循环一旦出现，便会积累在学生的学习过程中，导致学生在进行英语阅读时会增加阅读的歧义和误解。阅读是增长学生知识文化底蕴的一种重要途径，教师在教学中，可以寻找适合学生阅读的方式，帮助学生更好地理解英语文章的整体结构，使学生能够在阅读时克服自身的坏习惯，鼓励学生运用正确的阅读方式进行阅读，扩大学生的英语词汇量，布置课后习题让学生反复练习，使学生充分发挥自主学习的作用，提高学生阅读水平和能力。

4. 树立正确的阅读目标

没有目标的阅读方式是无法提高学生的基础知识水平的，且会大大降低阅读的整体效果和体验。人们在阅读过程中，都要具有一个或大或小的目标，目标可以为了寻找某个答案，或是为了娱乐消遣等。然后，增强阅读者的阅读素养。同时，要树立正确的阅读目

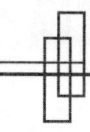

标，帮助读者提高其阅读效率。

5.增加读者课外阅读需求

很多学生学习效率不高主要是因为学生自身的英语练习不够，阅读的材料较少，积累的词汇量和语法不充足等。所以，教师在对学生进行针对性训练时，可以根据学生学习过程中的薄弱基础进行反复训练，有计划性地让学生阅读一些课本以外的图书。同时，教师要根据不同学生的学习情况推荐适合学生阅读的读物，难易程度要相结合。教师还可以定时抽出一节课的时间给学生播放国外英语电影，使学生能够耳濡目染地学会英语标准发音，增强学生的学习兴趣，提高学生的英语阅读能力，充分调动学生的课堂积极性，帮助学生能够尽快梳理不同英语阅读文章中的故事线索，加深词汇量的印象。阅读目的作为课外阅读的一个重要组成部分，在阅读过程中有指引的作用。为了掌握一些实用技能，提高与别人交谈的技巧而进行课外阅读，这反映了当代大学生课外阅读的倾向具有某种实用性和功利性。

6.学会运用阅读技能

阅读是能够把文章中的隐藏线索传送到人的大脑中，并进行记忆分析和加工的过程。学生在分析不同英语文章所表达的意思时，可以经过自身所创造出的劳动结果对其中的文章结构进行重组，并给出自己的判断，应用阅读技能可以使学生的分析能力更加准确、无误。所以，学生的阅读技能不仅是简单地吸收英语阅读知识，而是通过创造这种分析性的阅读活动，使学生初步掌握阅读技巧，提高阅读能力，掌握阅读技能。学生自学课文、词语注释，然后做练习题，这些都是在规定的时间内完成，最后由学生提出不懂的地方，教师进行讲解辅导。

（1）培养学生快速阅读的能力

学生理解和阅读某篇文章所消耗的时间是衡量该学生阅读能力高低的外在凸显，教师可以帮助学生纠正阅读过程中出现的不良习惯，还能给学生提供良好的阅读方法和阅读技巧。

（2）意群阅读法

我国学生学习英语主要是从攻克大量词汇开始的，学生会根据教师布置的作业对每个单元的单词进行背诵和默写，形成练习习惯。这种方法的局限性表现在所阅读的词汇较少，达不到一目十行的效果，从而降低了阅读速度。而意群阅读法只须在每个句子上停留三次便可以读完这句话，并理解其中的大致含义，不用非要逐字逐句地理解每个单词的含义再进行具体释义，这样能够节省很大一部分时间。

（3）快速浏览阅读法

这种方法是在较短的时间内快速阅读文章整体内容，了解其中概要。由于目前我国信息化技术的快速发展，多数的读者不能花大量的时间对某篇文章进行仔细阅读，所以，只能用这种快速阅读的方法了解相关信息。

（4）扫描法

扫描法主要是通过眼睛过滤文章内容，筛选自己所需内容，人们可以根据文章中所交代的一个短语或句子进行细节查找。在扫描一段英语句子时，首先要明确查找目标，然后带着这样的疑问进行扫描式查找，挑选出文章中存在的疑问点并做上记号，方便第二次筛选时节约时间。

（5）纵式阅读方法

很多学生在进行阅读时，会陷入反复阅读的陷阱之中，无法继续进行接下来的阅读，严重浪费了阅读所需时间，这种习惯会导致学生对信息的处理敏感程度变低，对逻辑的推理能力和侦查能力也会受到一定影响。所以，可以采用纵式阅读方法，使学生摒弃反复阅读所出现的不良习惯，提高整体阅读速度。纵式阅读主要是通过眼睛的上下移动进行扫描，用余光感知左右的内容，抓中心词和关键词，摆脱传统的英语阅读局限。

（6）增强学生的感知能力

感知能力是一种心理活动，具有一定目的性。在阅读时，文章的中心思想、写作目的、写作方式及运用修辞等，都能够准确做出判断。这种感知能力能够提高学生的阅读兴趣和效率，会使学生产生一定依赖性，并吸引读者继续阅读下去。这种感知能力也要存在一定现实理论依据，不能盲目感知和预测，要联系上下文的句意进行感知，并加上自己的理解。感知过程中，要留意每段文字中的第一句话和最后一句话，往往会隐藏题目线索。

第四节　互动式教学在英语教学中的应用

大学英语教学效果能否取得突破，主要取决于"师生—生生—生机"之间的互动是否能够经常性地得以实现。尤其是现在，人们处于信息环境之下，传统英语教学模式的障碍已经被排除了，新的教学模式不断涌现出来，利用互联网，教师与学生完成了实时互动。在这种新型教学模式下，有效互动是提高教学绩效的决定性因素之一。

一、互动式教学概述

（一）互动式教学内涵

互动这一概念源自社会心理学，是人与人之间进行情感交流的过程，它可以是两个人之间的交流，也可以是多人之间的交流，交流的信息可以对交流的所有方产生影响。还需要注意的是，互动要求双方一定要就大家都感兴趣的主题进行，否则互动的效果可能不会太好。

英语教学经过了较长的发展时间，已经形成了相对完善的理论体系，当前，比较受到大家推崇的一个教学理论就是交际英语教学理论，该理论核心强调的是交际能力的培养必

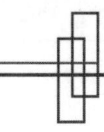

须要具备"互动"这一性质。如果对交际进行深层次内涵的挖掘，就会发现，其关键就是在于互动，且互动还能将交际的内容全都展现出来。

在英语教学中也存在互动，并且有些学者在总结英语教学互动经验的基础上提出了英语互动式教学这一概念。英语互动式教学是一种不仅重视教师与学生之间的互动，而且重视学生与学生之间的互动、学生与教学中介的互动的新的教学方法，该方法能够在很大程度上推动英语教学的进程，增强英语教学的效果。在运用这一教学方法时，教师要尊重不同学生的个体差异，要在分析学生性格与学生特点的基础上，为其创设一个良好的教学环境，引导学生自觉对问题进行探究，从而使其可以进行自主学习活动，并不断培养自己的个性。

英语互动式教学将教学活动与学习活动结合起来，实现了二者的统一，教师与学生的界限被模糊了，二者既互为主体，也互为客体。基于此，教师与学生之间所进行的互动与交流都是一种良性的互动，在教师利用必要的教学方法组织与引导下，学生不仅掌握了英语理论知识，而且还能掌握不少文化知识，发展了自己的智力，陶冶了自己的情操。教学是教师与学生的双向互动过程，要想取得不错的教学效果，二者缺一不可，也就是说，既要调动教师教学的积极性，也要调动学生学习的积极性。

与传统英语教学方法相比，这一教学方法最显著的差异体现在"动"字上，体现在"动"的对象与程度上。传统英语教学也有"动"，只不过在传统英语课堂上，教师是"动"的一方，将所有知识全都灌输给学生，而学生相对处于"静"的状态中，只能被动地接收教师所传授的知识。但互动式教学将这种"动"的状态彻底打破了，实现了教师与学生之间的良性互动。

将互动式教学融入英语教学中，主要可以发挥出三方面的作用：第一，能提高英语教学的质量，能培养学生的综合应用能力；第二，在最近一段时间内，中国英语教学研究的成果并不突出，而互动式教学在英语教学中的应用可以说是一个不小的成果，它极大地丰富了英语教学研究的内容体系；第三，它是对英语教学方法体系的有效补充，更重要的是，英语教师在实际教学中可以运用这一方法，帮助教师拉近了与学生之间的情感距离。

（二）互动式教学的特点

1.明确的目的性

英语互动式教学的实施是以社会语言学为理论基础的，也就是说，语言虽然是用来进行学习活动的工具，但是这并不意味着语言就是所有学习的重点。人们进行外语学习，主要目的就是为了满足两种主要的社会活动需要，一种是借助其他语言完成某项社会任务的需要，另一种是利用本族语言无法获得自己想要的信息的需要。从这方面来说，我们也不能将英语教学的目的单纯地看作是为了应付考试，因此，在英语教学中，教师必须要清楚地认识到词汇、语法、阅读等基础教学固然重要，但学生英语综合应用能力的培养更加重要，只有学生具备较高的英语应用能力，其才能更好地完成社会任务。

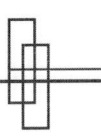

2.过程的互动性

这里的互动性是指在英语教学过程中，存在于教师与学生之间的互动层面是多方面的，既包括身体与心理的互动，也包括情感等其他更深层的互动。

英语互动式课堂往往充满着大量的信息，这导致学生需要花费比以往更多的时间来操练英语，这种情形之下，教师讲话的时间自然也就减少了。这时教师在英语课堂上的角色也发生了明显的变化，过去教师的"主导"地位逐渐转变为"从旁指导"。在具体的教学过程中，教师可以为学生创设语言交际情境，语言交际情境要比教师直接讲授的效果更好一些，教师可利用多媒体设备、直观教具等为学生创设情境，再加上生动的语言、动作，就能最大限度上吸引学生的注意力，让他们全身心地投入到英语学习中。当学生参与情境活动时，教师并不是一个"看客"，当学生在情境中遇到问题时，教师就可以跟学生进行交流互动，了解学生的问题所在，提出相关建议，在教师的建议反馈中，学生能认识到自己的不足，找到解决问题的方法。

3.组织形式的多样性

（1）真实情境——真实的语言交际环境

教师可以鼓励学生到一些外国游客喜欢去的旅游景点担任义务导游，他们不仅能借此机会与外国游客用英语进行交流，而且还能宣传中国文化。此外，教师还可以邀请一些外国教师给学生上课，或者是举办一些以英语为主题的晚会，既让学生放松了身心，也有助于其英语口语能力的提高。在真情实感的情境中，教师与学生也能更好地互动，学生与学生之间也能增进了解，更重要的是，学生会发现，英语学习其实并不难，这样就能增强其学习英语的自信心。

（2）模拟的语言交际情境

除了向学生提供一些自然情境之外，教师还可以通过一些手段为学生创设模拟情境。现在是信息社会，以信息技术为支撑的多媒体设备已经开始走进课堂，教师可以利用多媒体设备为学生创设直观模拟情境，给予学生强烈的感官刺激，让学生通过真实的英语对话音频、视频提升自己的英语能力。

此外，教师还可以让学生进行角色扮演活动，这是一种十分有趣的教学形式，在角色扮演的过程中，学生会思考角色的性格特征，因而在用英语表达时他们往往会考虑词汇、语法的应用问题，这样学生的英语应用能力就能得以提高。

4.内容的广泛性

传统英语课堂的互动性明显不足，教师是课堂的绝对权威，学生几乎没有什么话语权，而英语互动式教学则彻底颠覆了这一情况，教师不再是课堂的唯一"主角"，在师生的频繁互动中，教师与学生都成为课堂的"主角"，他们在课堂上交流信息，共同进步。

教师在进行英语教学内容设计时，不能将内容局限于教材范围之内，因为对于有些学生来说教材上的知识过于浅显，他们需要更有难度的知识，这时教师就需要加大输入量，不断拓展教学内容的范围。但是需要明确的是，教师向学生输入的大量新知识必须要有一

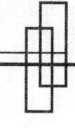

定的度，必须要在学生可承受、可理解的范围内进行，一旦内容过于难，就有可能打击学生学习英语的自信心。

5.方法的灵活性

英语互动式教学有许多的方法可以选择，这是因为其不仅以交际教学为理论基础，而且还融合了其他一些比较优秀的教学法流派的经验。例如，在自然法教学流派看来，对学生的语言输入要适当，要控制在合理的范围之内，因此，教师的教学设计不能全凭主观意识，要考虑学生的实际需求与教学的情况。

总而言之，在具体的英语教学中，采用什么样的方法，侧重什么内容，教师则可以根据课堂实际情况进行选择。

（三）互动式教学的理论基础

1.社会建构主义理论

社会建构主义理论的建立是以皮亚杰认知发展理论为基础的，因此它的研究重点放在了个体认知的发展上。社会建构主义深入探究了知识的建构问题，认为知识的建构并不只是可以在物理环境中完成，社会环境对知识建构的影响同样重要，甚至在某种程度上说，社会环境要比物理环境要重要一些。

需要指出的是，每个学习者都具有不同的特点，他们拥有不同的经验世界，因而在发现、分析、解决问题的过程中，他们所选择的方法是不同的，而正是由于方法的不同，他们才可以共同合作，在讨论中找到更多解决问题的方法，这样学生的知识结构体系也会变得更加丰富。此外，社会环境中也有一群能对学习者产生影响的人，教师、学科专家等，教师利用他们的教学经验指导学生的学习，学科专家利用他们的研究成果影响学习者的知识构建。

社会建构主义将知识看作是一种社会建构，主要的理由是：语言是知识的基础，而从本质上来看，语言就是一种社会的建构，而与语言关系密切的知识也就同样可以看作是一种社会建构。人类的知识在形成之初具有主观性，而当人类文明发展到一定程度之后，人类知识逐渐演变为社会大众可接受的客观知识，这种转变正是在社会交往中实现的，所以说知识建构应该是具有社会属性的。互动式教学的形成与维果茨基的心理发展理论有关，具体来说，该理论主要有两点为互动式教学所借鉴：第一，语言基本功能是一种社会性功能，它主要是为了人们的交际提供服务；第二，从社会层面上来看，语言读写教学是一种符号中介活动，它处于整个社会中介活动之中。因此，在英语互动式读写教学中，教师发挥了重要作用，他是一种媒介，将自己的社会性角色融入教学中，对学生进行不只语言知识层面的教学，也要向学生传递人际交往的维系、社会责任感的确立等其他一些社会性知识。这时，枯燥的理论教学将不再被局限于教材文本之上，社会性的交互作用将在英语课堂上显现出来。需要指出的是，教师在课堂上发挥的中介作用还应该最大限度地在师生互动中体现出来，一方面培养学生的英语学习思维；另一方面给予学生学习与生活上的支持，无论学生在学习上遇到什么困难，还是对生活产生了困惑，教师都需要及时帮助学生

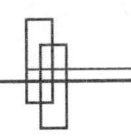

解决。这种交互已经超出了普通语言教学的范围，但它明显具有更现实的意义，有助于将学生培养成全面发展的优秀人才。

2.符号互动理论

符号互动论认为，互动贯穿于人的社会生活的每一个时空单位，构成人类社会生活的基础。符号作为互动的媒介，是一种能够有意义地代表某种事物的东西，包括示意、动作、手势、共同遵守的规定，以及最为主要的书面和口头语言。人与动物的区别，就在于人具有运用语言符号的能力，并有心智。人的心智活动是人在互动过程中掌握和运用符号并通过符号相互作用而产生与发展起来的。心智活动对客观现实具有标示作用。布鲁默认为，标示某一事物就是面对该事物并且把自己置身于对其积极反应的位置，而不是机械地作出反应。人通过对面临的东西做出解释并据此解释组织行动来对世界作出反应。通过心智活动的标示作用，外界便转变为一个定义的世界，人就不是对客体作出反应，而是对客体的解释作出反应。

自我，是个体在社会环境中，通过和他人的互动而形成的。在没有学会语言的孩子那里，自我以原始的形式出现。随着儿童的成熟，对语言的掌握和社会化的进行，儿童逐渐能从重要他人与类化他人的角度看待自我和观察思考问题，这样，自我的发展便日臻成熟。自主学习的现象学派认为，自我系统在指导个体的学习行为中占据着首要的地位；它强调自我系统的结构和过程在自主学习中的作用，强调个人动因和学习能力的自我评价在自我调节学习行为、认知和情感的发展与执行中的重要性。它认为自主学习能力是自我系统发展的结果。自我系统对学习动机的激发和学习的坚持性起着关键的作用，而且在生成假设、解释、预测和信息的加工与组织过程中也发挥着极其重要的影响。而从符号互动论来看，自我系统本身又是在个体与他人的互动过程中形成和发展起来的。

课堂实质上就是师生之间和生生之间互动而形成的一个微观社会系统。对学生的教育过程，无论是宏观的教育原则、教育目标，还是微观的教学计划、教学方案和教学内容，无一不是在师生互动和生生互动的过程中实现的。根据符号互动论的基本观点，实际上，学生在课堂上的互动，是其知识掌握、技能获得、个性与品德形成，以及自我意识发展的必要途径。

3.人本主义学习理论

（1）人本主义学习理论的内容

人本主义学习论认为，学习是人固有能量的自我实现过程，主要代表人物是马斯洛和罗杰斯等。马斯洛认为，每个个体生来就具有天性，这种天性由经验、无意识思想与情感所塑造，但它不是由这些因素决定的，个体控制着他自己的大多数行为。罗杰斯提出，教育要以学习者为中心，在学习上要给他们以自己选择方式的机会。康布斯强调，教学的基本目的就是帮助每个学生发展一种积极的自我概念。人本主义强调学习形成自我；学习促进自我实现；学习是通向健康生活的钥匙，说明学习对于自我的发展具有极为重要的作用。人本主义学习论还强调人类学习过程中的一些非智力因素，例如动机、情感、人际关

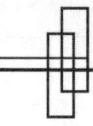

系等，对学习的影响作用，比较符合实际，有较强的指导意义。

（2）人本主义学习理论的特征

首先，"以学生为中心"的教学观。人本主义的教学观是建立在其学习观的基础之上的。罗杰斯从人本主义的学习观出发，认为凡是可以教给别人的知识，相对来说都是无用的；能够影响个体行为的知识，只能是他自己发现并加以同化的知识。教师的任务不是教学生学习知识，也不是教学生如何学习，而是为学生提供各种学习的资源，提供一种促进学习的气氛，让学生自己决定如何学习。为此，罗杰斯对传统教育进行了猛烈的批判。他认为在传统教育中，"教师是知识的拥有者，而学生只是被动的接受者：教师可以通过讲演、考试甚至嘲弄等方式来支配学生的学习，而学生无所适从；教师是权力的拥有者，而学生只是服从者"。因此，罗杰斯主张用"学习的促进者"来代替"教师"这一角色。

其次，强调心理气氛因素在学习中的作用。罗杰斯认为，促进学习的心理气氛因素包括以下几点：一是真实或真诚。教学过程中，学习的促进者表现真我，没有任何矫饰、虚伪和防御，防止产生距离感；二是移情性理解。学习的促进者能清楚地了解学习者的内在反应，了解学生的学习过程；三是尊重、关注和接纳。学习的促进者尊重学习者的情感和意见，关心学习者的学习和情感各方面，接纳学习者个体的价值观念和情感表现。在这样的心理气氛下进行的学习，促进者和学生共同营造愉快、理解、上进的学习气氛，彼此之间达成共识、共享、共进的目的。

4.外语学习规律

（1）量变到质变的原则

这一原则表明，学习是一个过程，不可能一蹴而就，必然要先有一定量知识的积累，才能最后实现语言水平的提高，真正掌握某种语言。

英语学习过程同样漫长，学生想一下子就掌握这门语言是不现实的，在这之前学生必须要先对英语语音、词汇、语法等基础知识有明确的认知，扎实掌握这些基础知识是进行后续语言训练的前提。尤其是对于英语听力、口语技能来说，这两项语言技能都需要大量的练习做支撑，如果学生无法保证练习的次数与时间，那么其就很难提高自己的英语水平，英语学习所谓的由量变到质变的过程也就无法实现了。

（2）内因与外因的原则

事物的发展受到内因与外因的影响，从根本上来说，真正决定事物发展的原因是内因，它不仅决定着事物发展的性质，而且还决定着事物发展的方向，而外因则是事物发展变化所要依凭的条件。内因与外因相互作用，共同推动事物的发展，二者联系密切，外因作用的发挥必须要依靠内因来完成。学生英语学习也会受到内因与外因的影响，内因就是指学生自身所具备的知识、能力、性格等，这些因素从根本上决定了学生学习英语的成功与否，外因指的是教师的教学水平、教学方法，高校提供的教学设备等，这些因素对学生的英语学习产生了不小的影响，但并不是决定性影响，学生的学习活动终究还是要靠学生自己。可见，内因才是决定学生英语学习成功的关键。

从上面的分析可以知道，学生的英语学习一定要出于自愿，只有学生愿意学习，并且不断付出努力，其才能实现自己的学习目标。英语教师在学生英语学习的过程中扮演的是一个辅助性角色，为学生提供了良好的学习环境、科学的学习方法、丰富的学习内容，侧面促进了学生英语学习成绩的提高。

（3）个别差异的原则

学生都是一个个独特的个体，他们的成长环境不同，看待问题的角度、解决问题的方法也就不同，因此，在英语教学中，教师不能将所有学生一概而论，而是要正视学生之间的差异，灵活教学。

首先，教师需要承认英语教学中确实存在个体差异这一问题。著名的心理学家皮亚杰就在进行大量实验的基础上总结了导致学习结果的原因，一个是遗传，另一个则是后天环境，二者对学习的影响同样重要，任何一方受到损伤，学习者都不会获得预期的学习效果。每个学生从父母那里所获得的遗传不同，学习经历也不同，这让他们形成了属于自己的独特的学习风格与学习方式。鉴于此，教师在教学中必须要考虑学生的学习差异问题，要因材施教。

其次，教师不能片面评价学生，学生身上所具有的一方面的能力不应该成为教师评价学生的唯一标准。心理学家加德纳曾经对人的能力问题进行探究，经过分析，他发现人本身具有很多能力，且这些能力在人发展过程中表现的程度并不相同，这就让我们看见某一个人的某方面能力强，某方面能力弱，也正是因为这样，所有个体才会存在显著的差异。这给英语教师以启示，其不应该因为看到学生一方面的能力，就将这种能力作为评价学生的唯一标准，而是要全面地看到学生，既看到学生身上的闪光点，也要看到学生在某些能力上的不足。

最后，教师要认识到学生学习英语的能力也是存在显著差异的。加德纳的多元智能理论已经表明，在学习同一个知识点时，不同能力的学生所花费的时间与精力是不同的。反映在英语学习上，能力强的学生能非常快速地习得新的词汇、语法，能与教师、同学进行流利的英语对话；而那些能力相对较弱的学生则在习得新词汇、语法等知识上比较费劲，他们不仅要花费更多的时间，而且最后学习的效果也不是很好。人的大脑虽然构造相同，但是倾向性却不相同，那些在语言层面倾向性强的学生往往表现出较强的语言学习能力，而那些没有在语言层面表现出倾向性的学生通常不具备较强的语言学习能力，因而他们在进行语言学习时非常困难。这就要求教师要关注学生差异，对于学习能力强的学生，可以让他们学习一些有难度的知识，而那些学习能力相对较弱的学生可以让他们熟悉掌握基础知识。

（4）认识与情感相互渗透原则

在英语教学活动中，教师与学生教育关系的维系离不开双方共同的心理活动，这种心理活动主要表现为师生间的认识与情感交流。因此，对于英语教师来说，他们不能总是将心思放在教学上，还应该多多关注学生的心理变化，揣摩学生的学习心理，当他们因为学习而产生受挫心理时，教师就需要及时给予其适当的鼓励。

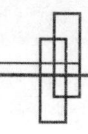

英语知识是抽象的事物，因此学生学起来可能会比较晦涩，因为对于学生来说，他们更愿意接受那些有情感、有趣的事物。教师必须要认识到这一点，在教学中尽量用学生喜欢的教学方法进行教学，将普遍抽象的理论知识具象化，并融入一些情感因素，这样就能培养学生学习英语的兴趣，激发其学习积极性。

（四）互动式教学的教学原则

传统的课堂教学中一直存在着"讲解—接受"型的教学模式，这种教学模式是一种面向过去的、以继承为主的知识教育，其对于引导学生创造性地运用知识解决问题、创造性地发展自己有诸多不利。互动教学模式致力于在课堂教学中改变学生被动接受的教学状态，倡导师生、生生间的平等对话，使学生积极参与、主动思考、发现问题、解决问题，让学生成为学习的主人、探究的主人，从而提高学生的综合素质。互动教学模式的原则就是在课堂教学中，实现师生多向互动交往和学生主动发展，具体包括以下几点：

1. 主体性原则

现代教学论强调师生共同构成教学活动的主体。因此，主体性原则，一方面是在互动教学中，要充分发挥教师的教学主体作用。教师应深入挖掘教材的精髓，积极开发课程资源，全面了解学生的认知能力、思维状态和情感基础等情况，创设有利于学生发展的教学情景及教学环节，制定有效的教学方略。另一方面是在互动课堂教学中，要充分发挥学生的学习主体作用。学生自觉、积极、主动地参与教学活动，通过师生、生生间知识的交流、思维的碰撞、情感的交融，学生主动链接自己的生活世界和情感世界，探索周围的社会环境和自然环境，并能根据环境的要求自主选择目标、自主探索、自我调控、自我评价，最终实现自我发展。

主体性原则要求教师充分发挥自己的教学主导作用，善于创设适宜的互动情境，给学生以自主选择的空间，以使他们的主体性得到发挥。主体性原则还要求学生由过去的被动接受转变为主动探究，充分调动自己已有的生活经验和知识技能，大胆质询、敢于实践、勇于创新。

遵循主体性原则，教师在教学中要做到以下几点：

第一，教师要掌握教学的主动权。互动教学模式主张教师在教育教学中处于主导地位，应掌握好教学的主动权。这主要表现在以下五点：

（1）教师享有教学计划和教学设计调整的主动权。教学计划和教学设计都带有预设性，但由于教学主体（教师和学生）处于开放的"教"与"学"状态，因此，会生成许多预设以外的内容，教师有权根据"教"与"学"的需要对教学计划和教学设计进行调整，使之更加适应学生学习的需要。

（2）教师享有学科整合的主动权。教师在教学中，可以根据教学的需要对教材进行删减、调整，或有机整合各学科的知识，从而让学生始终处于学习的主体地位，自主地建构知识。

（3）教师享有教学资源开发的主动权。教师可以积极开发储藏于学生自身、学习和生

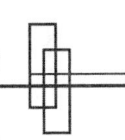

活中丰富、活跃的潜在资源，使之成为有效的教学资源，以进一步激活学生探究、交流的欲望，增强互动的效果。

（4）教师享有教学方法的选择权。教学方法不是一成不变的。教师在教学中可根据互动交往的需要，选择合适的教学方法，并有权根据互动进程的发展，调整教学方法，以适应学生发展的需要。

（5）教师享有教学评价的自主权。教师为了促进学生学习和探究的兴趣，可自主决定采取何种有效的评价方式进行教学评价，以激发学生的学习情感，加速学生的发展。

第二，教师要尊重学生的独立思维和见解。教师要促进学生自主发展，让学生主动探索周围环境，结合自身的知识基础和生活体验，进行思考和知识建构，使学生独立思考。互动教学模式要求教师给予学生充分的思考时间和空间，让学生"在游泳中学会游泳"；同时，鼓励学生在互动研讨中积极地评判和争论，在思维摩擦和碰撞中，形成正确的观念和认识。

第三，教师要尊重学生的个性发展。互动教学下的课堂教学，充盈着民主、平等、和谐的教学气氛，学生在这种教学氛围中激荡思维、张扬个性。教师应尊重学生个性的健康发展，并为学生个性发展提供更为广阔的舞台。

第四，注重学生自我评价能力的培养。自我评价是促进学生自主发展的一个必要条件。在互动教学中，教师留出一定的空间，引导学生采用丰富多彩的评价形式，以个体或团体的方式进行自我评价，使学生在评价中摆正自己的学习位置，认清自身的发展需要，从而为自主发展注入强大的动力。

2.民主性原则

实施教学民主是让教学充满生命活力不可缺少的重要条件之一。一方面，民主性原则表现为师生在人格上是民主、平等的关系。教师的工作对象——学生都是有思想的、有感情的、活动着的社会个体，他们和教师一样都是具有独立人格的人，彼此之间应该互相尊重，建立起民主、平等的师生关系。只有在这种民主、平等的师生关系下，师生间、生生间才能在课堂中实现充分的思想交流、情感沟通，教学相长。另一方面，在互动的课堂教学活动中，要努力营造师生和谐共处的教学互补、情感共鸣的发展空间，让师生在"教"与"学"的过程中相互启迪，实现教学相长、共同发展。民主性原则的实施，有助于学生作为独立自主的、有人格尊严的主体，积极参与到教学活动中，并有助于教师根据课堂教学的总体要求及学生的意愿和学习节奏，选择适合学生兴趣和能力的活动，使学生自由自在、生动活泼地进行学习与探究。遵循民主性原则，教师在教学中要做到以下三点：

（1）教师要与学生保持人格上的平等，实现师生心灵的沟通。有效的教学前提是融洽的师生关系。良好的师生关系，不仅能营造出轻松、自然、亲切、和谐的课堂气氛，而且可使学生的想象力和创造力得到充分、自由的发挥。因此，互动教学模式要求在和谐的师生关系和融洽的教学氛围中实现学生的自主发展。

（2）教师与学生共设教学目标、共研教学内容，实现师生共同发展。互动式教学以实现师生共同发展为目的，在教学中师生相互启迪、相互交流、共同研讨，实现师生的共同发展。教师积极为学生的学习创造条件、提供方便，而学生也把教师的教学和与同伴的互动交往看成自身发展的需要，从而在互动交往中促进教学目标的达成。总之，互动式教学所提倡的民主性原则是把学习的主动权交给学生，让学生真正明确学习目标，参与学习过程，了解学习结果，将学习过程变为一个师生共研、共进的过程。

（3）教师要设计符合学生学习心理与认知规律的教学环节和步骤，让学生积极、主动地参与教学。

教师围绕学生的"学"设计课堂教学的环节和步骤，是实施"教学民主化"的主要体现。要让学生积极、主动地参与教学过程，培养学生主动学习的意识，就必须把学生的"学"放在首位，因此，互动式教学要求教师在充分了解学情的基础上设计教学环节，并在教学过程中根据学生学习发展的需要，进行有效的调整。

3. 开放性原则

互动式教学是一个开放的教学空间。开放性原则具体包括以下五方面内容：

（1）学习目标的开放

一方面，表现为对学习能力不同的学生制定不同学习目标。由于环境、教育、学生自身学习能力等方面的差异，学生之间也存在着较大的个体差异。因此，学习目标的设计应体现层次性和多样性，应设定"基于基础、上不封顶"的开放式的学习目标。"基于基础"是指按照课程标准的规定，面向全体学生的学习目标必须扎实完成；"上不封顶"是指对于思维较活跃、有独特见解的学生，应鼓励他们在力所能及的条件下，独立钻研、努力拓展，引导他们在广阔的知识天地中翱翔。另一方面，表现为学习目标不是固定不变的，而是在课堂教学中，伴随着师生、生生间的互动交往动态生成的。互动式教学下的课堂教学，学生的思维是活跃的，学习状态是积极的，教学活动是不断深化的，因此，总会涌现出一些意料之外的学习结果和发展状态。针对这种情况，教师应适当调整或提升对学习目标的设定，最终实现学生不同层次的发展。

（2）教学内容的开放。教材是师生进行教学活动的重要媒介，是完成教学任务的必备资料。长期以来，教育教学的内容都局限于教材内容，师生的"教、学"行为、课堂行为均受到了各种框架的限制，学生创造性的发挥也受到了阻碍。而互动式教学则突破了"以纲为纲，以本为本"的束缚，变"教"教材为用教材"教"，认为教材是为教师"教"和学生"学"服务的，并在此基础上，努力拓展教学资源，使教学内容得到最大限度的拓展。

对于如何设置开放性的教学内容，有以下五点值得注意：

第一，现代科学技术的迅猛发展为教学内容的开放性提供了充分的物质条件。教学中为满足现代科学技术的发展对教学提出的新要求，可把现代科学技术成果和创造发明充实到教学内容中，从而进一步丰富学生的知识，加强教育教学与科学技术发展的联系，把握时代发展的脉搏。

第二，对现有教材内容的拓宽、深化，也是使教学内容具有开放性的重要方法。为了引起学生的学习兴趣，激活学生的创造性思维，教师可根据教学的需要，对教材做出调整、补充和完善，拓宽、深化教学内容，将学生的思维进一步引向深入，从而使互动的学习效果得以深化。

第三，加强学科间知识的联系及综合。随着社会的发展，知识日益朝着综合化的方向发展。各学科知识的联系及综合不是不同学科知识的拼凑，而是强调以学生的生活经验为支点的学科知识的渗透、交叉与综合，强调理论和实际相结合，培养运用综合知识解决生活中实际问题的能力。因此，教学中要依据教学内容和学生发展需要来综合整合知识。

第四，注意课程内外的联系，把课堂教学中生成的探究兴趣引向课外。在学生的互动交流中，往往产生一些教师意料之外的"思想火花"，而这些生成的问题和探究意向是发展学生创新素质的生长点。教师应及时抓住这些生成的问题，适时将学生的探究兴趣引向课外，使学生的互动成果得以延伸。

第五，重视现实生活中的问题，把课外的问题引入课内。社会是一个大课堂，知识来源于生活，学生们纯洁的眼睛总能发现生活中的问题。因此，互动式教学重视把学生生活中的问题和知识引入课堂，丰富互动的内容，增加师生、生生间互动交往的机会，增强互动交往的效果，使课堂教学焕发出生命的活力。

（3）思维空间的开放

要想使师生、生生间的互动交往得以实现，必须重视课堂教学思维空间的创设。自主、开放、活跃的思维空间是促进学生思维发展和能力发展的关键，也是实现师生、生生互动的一个必备条件。因此，互动式教学主张给学生创设一个自由而完整的思维空间，让学生经历完整的思维过程，但关键还要注意以下两点：

①围绕中心任务来设计有价值的问题

教师在课堂中对问题的设计切忌多而碎，要少而精；问题的设计要紧紧围绕本节课的中心任务进行，切忌漫无目的；同时问题的设计必须有一定的思维价值，即能让学生在思考中产生认知上的冲突，进而激发探究的欲望。设计问题是为了让学生的思维真正开动起来，并在与他人的思维碰撞中有所收获。

②思维过程必须完整而充分

教师在教学过程中，不但要多设计有思维价值的问题，还要给学生留出充分的思维时间，让学生充分地进行思维碰撞和思维发散；在交流中，不能只要求学生说出思维结果，还应要求学生通过语言表达来展示自己的思维过程。

（4）教学方法的开放

教学方法是以教学规律为依据，师生在教学过程中的活动方式。互动式教学坚持教学方法的开放性，注意多种教学方法的合理配合，强调教学方法的选用应符合师生、生生互动交往的需要。在教学中只有采取多种教学方法的综合运用，才能取得较好的互动效果。

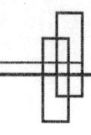

（5）教学结果的开放

互动式教学主张答案不是唯一的，只要是有一定科学依据的、不能证明其是错误的答案，教师都应允许学生提出、论证和探索。互动式教学主张教学要从追求唯一走向追求多样，从追求标准答案走向追求创造性地解决问题。在师生的互动交往中，学生的思维是活跃的，彼此间是具有差异性的，因此，学生观察事物的角度和对问题的见解也是五花八门的。教师应鼓励学生大胆发表自己的见解，展示自己的思维过程，切不可以标准答案来限制学生思维的发展。总之，互动式教学下的课堂教学是开放的课堂、开放的教学，学生在开放的"教"与"学"中走向创新，实现发展。

4.实效性原则

互动式教学充满了师生、生生间思维的摩擦与碰撞，是实现知识快捷、有效建构的场所。因此，教学中师生、生生间的互动不能只流于形式，而要以实现学习目标为落脚点。实效性原则主要包括以下四点内容：

（1）学习目标的设定要具有实效性

学习目标是学生在学习过程中，在完成某一阶段学习时，应达到的要求或产生的变化结果。学习目标的设定应做到知识与能力、过程与方法、情感态度价值观的三位一体，在互动式教学下，教师应根据学生已有的知识经验和学生发展的需要来预设学习目标。同时学习目标也不是一成不变的，在互动过程中，教师应关注教学进程中动态生成的、预设以外的学习目标，并根据教学需要随时调整和完善学习目标，使学习目标的预设性和生成性统一起来，从而使学习目标的设定更加全面，富有实效性。

（2）教学行为的实施要具有实效性

在互动教学中，教师要用"以生为本"理念指导教学行为，教学情景的设计、教学问题的设计与呈现、学生思维发展的引导、互动研讨和交流的开展与深入、教学方法的选择、教学评价的运用、练习的设计等均要围绕着学生发展这一核心来进行，从而提高教学的效率。

（3）互动式教学下的学习目标与互动形式应有机统一，要具有实效性

学生的发展是在师生双方和谐互动的教学活动中实现的。各种互动形式的设计应紧紧围绕教学的中心任务进行，应服务和服从于互动式教学下学习目标达成的需要，切忌流于形式。

（4）互动式教学下，学习目标的达成要具有实效性

互动式教学关注学生的全面发展，因此，学生不仅要实现知识和技能的提高，还应进一步关注情感的升华、关注良好学习方式的建立等。同时，教师不仅要重视预设的互动目标是否能达成，还要关注教学进程中动态生成的互动目标能否达成。

5.生成性原则

课堂教学的灵魂在于教学的生成性。生成性原则是指互动式教学下的课堂是焕发着生命活力的课堂，每一节课都是不可重复的激情与智慧综合生成的过程，在这一动态发展的

过程中，学生实现了知识的建构和自我发展的飞跃。

在互动式教学下，课程的实施虽有整体规划和周密设计，具有计划性，但并不限制其生成性。教学过程并不是根据预定目标而设计的机械的、"流水线"式的操作流程，而是蕴含着潜在的、无限的教学契机。学生在学习过程中思维活跃，有强烈的探究欲望，能结合教师创设的教学情景和提供的教学信息提取自己的生活经验和已有知识，通过与学习伙伴间的互动讨论与交流建构知识意义，并在此基础上有所创新。教师应注重发挥教育机制，捕捉不断生成的新的目标及新的主题，使学生在生成性发展中，保持探究的积极性，加深认识和体验，更好地发挥创造性。

在互动式教学下，课堂是动态生成的，它处于一种变动的状态。正如布卢姆指出的："没有预料不到的结果，教学就不能成为一门艺术。"因此，教学中的对话和活动并不是事先预演好的，教师应根据学生的学习情况随时、大胆地调整教学设计，应学生而动，应情境而变，捕捉稍纵即逝的教育契机。只有给予学生思维飞扬的空间，才能实现他们知识的建构、情感的升华，才能使课堂教学显露勃勃生机。

遵循生成性原则，教师应做到以下三点：

（1）创设适宜新知生成的教学氛围

美国心理学家罗杰斯认为"成功的教学依赖于真诚的理解和信任的师生关系，依赖于一种和谐、安全的课堂气氛，学生新知识的生成同样依赖于师生间建立的、和谐的互动交往关系"。教师在教学过程中创设轻松和谐的课堂气氛，建立融洽的师生关系，形成互相交流、互相研讨、互相启迪、共同发展的课堂氛围，使学生毫无顾虑地表达自己的见解，灵活地处理和转换所接收到的信息，激扬自己的思维，将思维的"火花"与他人共享、共研、共识，促进新知识的生成和知识体系的建构。

（2）提供丰富而有效的学习信息

丰富的学习信息来自教师创设的学习情景，来自学生间的相互交流和相互启迪，来自生活。在互动式教学下的课堂教学中，学生的思维是积极而活跃的，在师生间、生生间的互动交往中，筛选有效的学习信息，与自己已有的知识基础、生活经验、情感体验相互碰撞、相互融合，促进新知识的生成和建构。

（3）注重把握教学过程中生成的新的知识增长点

教学不是知识的传递，而是知识的处理和转换。在教学过程中，学生通过师生间、生生间知识的交流、情感的传递、思维的碰撞，会产生一些思维的"火花"，这些"火花"中蕴含着丰富的思维内容，蕴含着学生新的知识增长点。教师应把握住这一新的教学支点，倾听学生的看法，洞察他们想法的由来，并以此为支点，进一步丰富互动内容，引导学生展开研讨。同时，适时地将学生的思维空间由课内拓展到课外，由知识领域拓展到生活领域，使新知识的生成完整而深刻，从而促使学生建构更深层次的知识意义。

6.思维性原则

发展学生思维能力是课堂教学的核心。教学中要使学生掌握科学的思维规律和正确、灵活的思维方法，培养他们思维的深刻性、灵活性和创造性。从本质上说，互动式教学下的课堂教学是师生思维双向活动的过程。互动式教学下课堂教学的重点，就是要引导学生的思维活动，尤其是发展学生的创造性思维。因此，教师在教学过程中应加强创造性思维的训练，努力培养思维活跃、具有创新精神的人才。

互动式教学中的思维性原则包括以下四个方面：

（1）教师应结合自己教授的学科知识，有意识地进行创造性思维的训练，以突破学生的思维定式。互动式教学下的课堂，提倡思维开放式教学，要求学生不要死记硬背书本的答案和教师的结论，而是围绕中心议题进行发散思维，探究和发现各种有效的解决方法，从而创造性地解决问题。

（2）教师在教学中应对教材进行补充和拓宽，挖掘教材内容的思维因素，构建基础性知识与探索性、思维性知识相结合的教学体系，培养学生思维的创造性。

（3）教师应培养学生在独立的、充分的思考中，建构知识意义的能力。教师要启发学生善于思考，诱导学生善于通过分析、比较、综合、概括等思维过程，主动去获取知识；教师要给学生以思维的自由和表达的自由，不要强求一致，不要急于求成地替代学生的思维和想象。同时，教师要围绕中心任务设立阶梯式的、循序渐进的问题，让学生依据自己积累的经验去一步步探究和解决，并在问题的依次解决中，促进其思维的深刻性；教师还要培养学生敢于暴露自己在思维过程中所碰到的各种疑问、困难、障碍的勇气，并发动大家共同研究解决，切不可贪图方便，舍不得时间，而用讲解甚至直接灌输来代替。

（4）教师的设疑要有足够的思维量，要强化学生的思维过程，把教学活动变成全体学生的思维体操。

7. 情感性原则

在教学中坚持情感性原则，不仅体现了教育的本质，而且是培养学生学习兴趣和学习热情、增强学习动机的重要手段。课堂教学对于学生来说是一种特殊的生命历程，学生在学习中不断体验着学习的乐趣、成功的喜悦和生命成长的幸福。因此，课堂教学中所包含的情感体验也是互动式教学的一个重要环节。

实施情感性原则要求教师要把满腔热情投入到课堂教学中，教师的情感不仅影响着自己教学思想和教学语言的表达，更为重要的是影响着学生的学习状态、情感状态和发展状态。在互动教学中，师生间不仅有知识的传递和思想的交流，还充满着情感的交往，教师不仅是学生的良师，也是学生的益友。教师在教学中真诚地关爱学生，真诚地发现学生身上的闪光点，为学生创造性思维火花的闪现而欣喜，以情育情，激发学生的学习热情。实施情感性原则要求教师应努力营造情感课堂。师生、生生之间充满情感交流，充满成功的体验。同时，教师在教学中要做到因材施教，用不同尺度要求不同情况的学生，力求激发学生对学习积极的情感和态度。教师在教学中要充分认识到情感与创新思维的关系：没有情感就没有活跃的创新思维。在学习过程中，学生的学习激情会激发出源源不断的奇思妙想，这些奇思妙想是培养创新思维和创新意识的重要支点。因此，互动式教学把"带给学生对生活和学习的激情和梦想"作为教学追求之一，以学习情感的激发来促进学生主动建构对未来生活的憧憬。

教师应主动寻求和挖掘教材中蕴含的丰富的情感因素。每一位教师和每一门学科都有其独特的教学魅力和学科知识魅力。因此，教师要把整个学习过程看成是一个发现美、感受美、欣赏美的过程。在互动式教学下的课堂教学中，教师通过创设适宜的教学情景、合理呈现教材，将知识宝库中的库藏展现给学生，让学生在互动研讨和交流中感受学科知识的魅力，体验学习的快乐。同时，在学习过程中，教师优美的教学语言、机智的教学智慧无不使学生产生心灵和情感上的共鸣，进而受到启发和教育。

教师应积极地促进课堂教学和现实生活的接轨。生活即是学习，学习来源于生活。只有把学生的认知学习和生活感知结合起来，才能极大地丰富学生的学习情感，充实学生的精神生活。

总之，互动式教学下的课堂教学就是要让学生的情感体验贯穿于整个教学过程中，使学生在学习历程中不断体验探究的乐趣和成功的喜悦，体验学习带给他们的人生意义。

8.发展性原则

互动式教学把发展性作为衡量课堂教学效果的标准之一。所谓发展性原则就是指教师应以促进学生的自主和全面发展为出发点和落脚点，充分发挥课堂教学的发展功能，使学生在师生的互动交往中，得到最大限度的发展。同时也使教师在教学过程中，伴随着学生的发展而实现自身的专业化发展。

互动式教学中的发展性原则包括以下六个方面：

（1）教师要树立以发展为内涵的三个课堂教学观：一是课堂教学是促进学生发展的课堂教学本质观；二是课堂教学的价值是促进学生发展的教学价值观；三是追求人人发展和成才的课堂教学质量观。

（2）培养学生建立实现自主发展和全面发展的知识和技能观。学生知识和技能体系的构建是伴随着学生的学习历程不断发展和深化的。学生只有不断学习才能具备自主发展和全面发展的可能，才能使自己的生命历程更加精彩。

（3）促进学生情感的持续发展。让学生在每一节课堂教学中都能体验到情感的震动，都能感受到自身情感的升华。

（4）促进学生多种能力的发展，尤其是搜集和处理信息的能力及创造性解决问题的能力。

（5）尊重和关注学生个性的健康发展。要让学生在课堂教学中，充分展示自己的个性，张扬自我，在探究中体验成功的快乐，同时，学生通过师生、生生间的互动交流，吸取他人的经验，丰富自己的个性，促进自身的健康发展。

（6）促进教师自身专业化发展。教师在教学实践中，不断吸收和内化先进的教育理论，提高自身的理论素养；同时，在与学生的交流中，提高自己的教育智慧，总结自己的教育经验，丰富自己的教育知识，从而加快自身的专业化成长。

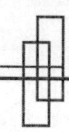

总之，互动式教学下的课堂教学要以学生的发展为核心，坚持学生的发展和社会的发展相统一的方向，既促进学生的自主发展和全面发展，同时又要实现教师自身的发展。

二、大学英语互动式教学的实施

（一）英语互动教学法的操作程序

1. 营造语境

在传统英语课堂上，教师主要的任务就是将教材上的知识全都传授给学生，教师虽然尽可能地将课堂时间实现了最大化的利用，但是学生在课堂上的参与感并不强，其始终无法真正提起对英语学习的兴趣，那么教师应该采取怎样的方法培养学生兴趣，就变得非常重要。

教师应根据教学目标与教学内容的要求为学生创设一个良好的求知情境。通过情境反映问题将会使问题变得更加生动，在情境中学生可以进行角色扮演，角色扮演的过程就是学生与学生进行互动交流的过程，学生在互动中不断培养自己的英语思维。

此外，情境并不仅仅存在学生与学生之间互动，也包括教师与学生之间的互动，教师主要的作用就是引导学生的学习思路，使学生产生一定要达成目标的心理倾向，从而激发其自觉主动学习的欲望。

2. 自主学习

在传统英语课堂上，学生与教师地位悬殊，教师主导着课堂的一切，学生只是被动地接收教师传授的知识，也就是说，在学习上，学生并没有展现出较强的主动性。而学习毕竟是学生的主要任务，是其分内的事情，教师只能从旁协助。因此教师要意识到学生自主学习能力对其英语学习的重要性，进而在教学过程中注意培养学生的自主学习能力。而在互动式教学中，培养学生的自主学习能力恰恰是其必要的环节之一，互动式教学认为教师应该给学生留下足够的学习时间，多给予学生学习的自由，让学生自主去思考、探究问题。

学生自主进行探究，是对新知识与旧知识的整合，是对英语学科知识与其他学科知识的整合，通过不同知识间的认知冲突与矛盾，学生可以获得从不同角度看待问题的能力，从而使其能够真正独立自主地完成学习活动。但是，需要注意的一点是，在学生进行自主学习的过程中，教师应该鼓励学生表达自己的观点，即使学生的观点有误，教师也不应该立即阻止他们，而是要他们继续下去，待观点表达完毕之后，教师才可以去纠正学生的错误，这样做的目的是为了保持学生思路的连贯性，维护学生的自信心与自尊心。

3. 合作学习

学生自主学习过程中蕴含着教师与学生的互动，而在合作学习中则蕴含着学生与学生之间的互动。学生个体自主学习有时并不能满足学生的学习需求，因此，教师可以对学生进行分组，使其以小组的形式实现合作学习。合作学习的实现基础是学生的自主学习，每一个学生的自主学习共同构成了合作学习，可以说，合作学习是一种主要存在于学生之间的互动活动。具体来说，教师需要先分析学生的学习情况，然后制定讨论的主题，明确讨论的要求，最后让学生以小组为单位进行讨论。当然，学生与学生所进行的讨论必然是各自发表观点的过程，在这一过程中，有问题的学生提出问题，能解答的学生给予解答，在一问一答的互动交流中，问题也就自然而然解决了。不过，需要明确的是，学生与学生的互动并不是合作学习过程中存在的唯一互动形式，教师与学生的互动也存在其中。学生在组内讨论过程中肯定会遇到一些问题，当学生无法解决时，教师就可以主动参与其中，向学生提供思路与建议，这是对学生的一种启发与引导，通过教师的引导，学生可以更好地完成小组任务。

在小组讨论完毕之后，各组就需要向全班展示自己的成果。当然，小组讨论的成果有突出的，也就会有一般的，教师要一视同仁，对于能力不强的小组，教师要给予其鼓励，而对于能力强的小组，教师要肯定他们的成果。此外，教师还可以让强组与弱组结对子，让两组一起就讨论的成果进行分享、交流，能力强的小组在展示自己成果的过程中能够体会到成功的喜悦，因而更加愿意参与小组探究活动，而能力弱的小组则可以从能力强的小组中学得探究的方法，这非常有助于其不断保持学习的热情。

总之，小组合作学习让学生与学生之间的频繁互动成为可能，每一位学生都可以在课堂上发表自己的看法，学生彼此之间都可以交换想法，分享信息。就是在这一过程中，学生们的语言知识体系将会变得更加丰富，人际交往能力将会有所提高，更重要的是，他们也会增强学习英语的自信心。

4. 点评归纳

传统英语教学评价的主体是教师，学生在教学评价中的存在感较弱。而在互动式教学中，教师不再是教学评价的唯一主体，学生也可以参与其中，并且作用非常突出。在各组完成成果展示之后，就需要对各组成果进行点评，点评的手段并不局限于教师评价，学生自评与师生互评也是主要的评价形式。多样的评价手段能够帮助教师全面掌握学生的学习情况，进而分析学生在哪些知识点上存在问题，基于此，教师就能对自己的教学计划、内容、方法等做出适当调整。可见，评价的过程也是教师不断反思自己、实现教学优化的过程。

这一环节也包括师生互动与生生互动两种互动形式，无论是哪种互动，目的都是让学生可以进行独立思考，在探究问题的过程中培养学习英语的兴趣。在经过教师与同伴的评价之后，学生能迅速意识到自己在学习上的不足，进而主动查缺补漏，同时也能清楚自己的优势，并不断强化这种优势。

5. 延伸拓展

在传统英语教学中，教师开展教学活动的主要依据是教材，教学内容也多半为书本上的知识，甚至学生课下需要完成的作业也都是课本上每个单元的课后题，这让学生的学习活动始终围绕着教材进行，很明显，这种情况限制了学生的发展空间，学生甚至提不起对英语学习的兴趣。英语互动式教学很好地改变了这一现状，它进一步拓展了学生的学习范围，学生可以在课下借助其他先进的学习工具完成知识的拓展与更新。

不过，教师需要明白的是，对学生进行知识的拓展并不是其主要的任务，其首先应该要做的是将教材上的知识全都传授给学生，之后，若课堂上还有剩余的时间，教师就可以向学生传授一些拓展知识，同时布置一些拓展任务。比如，当讲到课本上的某一个知识点时，教师可以提出一些与之相关的延伸性问题让学生讨论，在讨论的过程中学生就能了解到更加新颖的知识，同时也能对旧知识进行及时巩固，最重要的是，这种讨论能够发散学生的思维，培养其创造力。

教室的空间有限，有些教学活动无法展开，例如有一些规模的情境活动就无法在教室中组织，这时教师就可以考虑适当组织一些课外活动。课外活动能让学生拥有更大的活动空间，想问题也更加自由。当然，这并不意味着课外活动要比课堂活动更有意义，两种活动侧重点不同，不可同日而语，最好的方法就是将课堂活动与课外活动结合起来，这样学生既能在课堂上学习到一些应该掌握的基础理论知识，也可以在课堂之外充分地发散自己的思维。两种活动相结合是一种比较新颖的教学形式，在具体实施过程中，教师要灵活一些，适当分配两种活动的课时。

在这一环节中，不仅有大家熟悉的生生活动，而且还包括学生与英文文本之间的互动，多样的互动形式极大地拓展了学生学习的范围，更重要的是，通过互动，学生能够收获更多其他科学的学习方法，提高自己的学习效率，并最终激发自己的学习积极性。不过，需要注意的是，这一环节并不是固定不变的，它具有一定的逻辑性，围绕着某种逻辑与规律不断变化，所以教师在拓展教学内容时一定要遵循互动的法则，保持适当的度。

（二）英语互动式教学中的师生角色

1. 教师角色

（1）引导者

教师在英语互动式教学中扮演着引导者的角色，教师既引导学生解决问题，又鼓励学生大胆表达自己的想法。当学生对英语学习产生困惑时，教师要为学生提供必要的指导，帮助其答疑解惑；而当学生对毕业之后的前景担忧时，教师应该给学生吃下定心丸，告诉学生只要其好好学习专业知识，一定能在毕业后大展宏图。

（2）组织者

英语教学有效性的实现需要教师具备绝佳的组织能力，只有教师将英语课堂组织得当，学生才能享受英语学习。而究竟组织什么样的活动，用什么样的方式组织活动，这就需要教师对学生的学习需求进行分析，了解了学生的具体需求，组织的活动才能为学生所喜欢、接受，教学的良好效果才能实现。

（3）促进者

在英语互动式教学中，教师有着另一个角色——促进者，其促进作用主要体现在三点上：第一，教师鼓励学生参与教学活动，积极与教师进行互动交流；第二，教师能帮助学生找到学习上的不足，帮助其解决问题；第三，教师可以为学生创设教学情境，为其提供

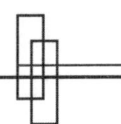

口语训练的机会。

（4）参与者

教师是教学活动的参与者，同时也是学生学习活动的参与者，在学生进行学习讨论的过程中，教师不能置身事外，可以参与其中，帮助学生发现问题、解决问题，教师的积极参与一方面可以让学生的学习变得更加高效，同时也进一步拉近了师生之间的距离。

2.学生角色

（1）知识的主动建构者

在建构主义理论看来，学习不是一个被动的过程，而是一个学习者主动探究的过程，学习者利用一切可以利用的学习资源进行学习，从而能够完成系统的知识架构。在英语互动式教学中，虽然教师可以适当地给予学生必要的指导，但是教师应该清楚的是，学习本就是一个学生自主进行知识建构的过程，教师不应过多干涉。学生应该努力培养自己的自主学习能力，主动对问题进行思考、归纳，对自己的学习不足进行反思，这样才能最终完成知识的主动全面建构。

（2）活动的平等参与者

传统英语教学比较忽视学生主观能动性的发挥，而在英语互动式教学中，教师重视学生的主观能动性，学生也愿意将其发挥出来。学生应积极参与教学活动，与教师、学生进行良好互动，同时也要参与评价活动，学生评价将有利于教师把握自己的教学节奏与内容。

三、互动式教学在大学英语教学中的具体应用

（一）互动式教学在大学英语阅读教学中的应用

1.大学英语阅读互动式教学的基本原则

（1）促进学生参与教学过程

在传统英语阅读课堂中，教师是主要"动"的一方，学生处于一种被动的地位，他们只能被动地接受教师传递的知识。而且，学生在课堂上所学习的知识并不是由他们选择的，都是由英语教师事先选定的，这就导致一些知识并不为学生所喜欢，他们也就无法真正提起其对英语阅读学习的兴趣，英语阅读教学的目标也因此无法实现。

大学生的学习行为多受兴趣的引导，但是大学生的兴趣又具有一定的不稳定性，这就使许多学生在失去兴趣之后就不愿学习英语阅读知识了。学生如果没有强烈的学习欲望，那么，他们也就无法真正产生积极的学习行为。因此，英语教师要对英语阅读教学活动有清晰的认知与定位，不能仅仅将这项活动看作是一种单纯的教学活动，而是将其看作一种具有特殊意义的交往活动，该活动将人的肢体动作与情感联系起来，既要求学生动口、动手，也要求其动情、动思。这就要求教师在英语阅读教学中要有所作为，要采取一些比较有效的方法激发学生的学习兴趣，最好能通过创设情境的方法让学生的身体与情感都融入其中，这样既让学生体会到了阅读的乐趣，也进一步加强了师生互动。

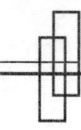

（2）引导学生构建自己的知识体系

互动式教学并不要求学生全面掌握所有的固有知识，而是要让学生在学习知识的过程中能够做到新旧知识的融合，认识知识产生、发展的过程。在这一过程中，学生的学习活动将变得有意义，同时，学生也可以培养自己分析、解决问题的能力，获得不错的学习情感体验。不过，需要明确的一点是，大多数大学生虽已成年，但这并不意味着他们已经具备了非常丰富的知识学习经验，与教师相比，他们还是"新手"，因此，教师需要为学生架起一座可以连接新知识与旧知识的桥梁。具体来说，教师在讲解新知识的过程中一旦遇到与旧知识相关的内容时，就可以向学生提问，以引发他们对旧知识的思考，同时也起到巩固旧知识的作用。

（3）及时反馈矫正，督促学生进步

布鲁姆的掌握学习策略已经表明，集体教学必须要靠每一个学生所进行的反馈，反馈不仅能在一定程度上提高教学的质量，而且还能较大地提高教学的效率。此外，持续性的反馈过程同时也是师生一次次互动的过程，在这一过程中，教师了解了学生的学习需求，学生也了解了教师的教学计划。

2.大学英语阅读互动式教学的实施策略

（1）教师与英文文本进行互动

英语阅读教学长期受应试教育的影响，教师在选择英语阅读材料时也是维护"英文文本权威"，同时，学生也受教师的影响，唯"英文文本"独尊。教师总是千方百计地想着搜集各种阅读材料，然后根据自己的想法对材料进行分析，引导学生按照自己的教学思路进行阅读学习活动，这让英语阅读教学的生动性大大减少，教师只是在给学生提供标准答案，学生并未获得多少思考的机会。

现代阅读观与传统英语阅读理念并不相同，阅读始终是一个动态的过程，是读者与英文文本之间相互作用、建构意义的过程。这其实也在表明，阅读并不是一项被动的活动，它是读者的主动活动，因此，学生在进行英语阅读时，也应该积极地多与教师、英语文本互动。同时，教师也应该转变教学观念，多增加与英语文本的互动，对文本进行深入解析，以满足学生的阅读需求。

对于英文文本的意义，在现代知识观看来，其具有非常大的不确定性，不仅教师可以对其进行解读，学生也可以，并且在教师教学与学生学习的过程中，英文文本的意义还可以一次次被重新界定。所以，教学过程绝对不是一个可以永远保持平衡的过程，它是一个失衡再平衡的过程，从这里可以看出，教学过程并不是死板的，它始终处于一种动态生成的状态。

对于英语阅读教师来说，他们在进行英语阅读教学之前，应该对英文文本有着自己的理解。也就是说，教师的一切教学活动可以以英文文本为依据，但是要从实际情况出发，要有选择地将文本内容教授给学生，与英文文本进行高效的互动，一切以英文文本为出发点的想法与行为都是片面的。

在整个英语阅读教学中，教师的角色非常重要，他可以是阅读活动的先行者，同时也可以是教学活动的整个设计与策划者。从这个层面出发，教师与英文文本的互动有其不一样的内涵，主要有以下几点：

第一，教师要尽量将英文文本吃透，同时在这一过程中还要开发文本。教师只有对英文文本的所有内容都进行深刻理解，才能将其转化成自己的知识体系，才能在以后顺畅地与英文文本、学生互动。

第二，教师还需要能够对英文文本进行适当的加工。需要清楚的是，英文文本的编写是一个主观过程，不可能尽善尽美，总是会存在一些不足。从当前英文文本的使用情况来看，这些文本使用的时间都比较长，没有与时代的发展相适应，很明显，这种停滞更新的文本是无法激起学生的学习兴趣的，更不能让学生与文本达成良好的互动。所以这对英语教师提出了比较高的要求，要求教师可以根据学生的实际需求选择英文文本。需要指出的是，英语阅读教学已经在选择英文文本方面有了很大的改善，但是，出于人力、成本等方面的考虑，英语教材是不可能做到每年更新的，因此，英语教师就必须在英语阅读教学过程中弥补这一方面的不足，能够在备课时就对文本进行必要的更新。

第三，教师不能唯英文文本"独尊"，而是要具有敢于质疑文本编写者的勇气与能力，这样才能促使文本的不断完善。英文文本应该是与时俱进的，应该是能够满足学生学习需求的，教师是最了解学生的，所以他们可以总结学生的意见对英文文本的编写提出相关建议，这样就能使文本变得更加科学。英文教材现在也在面临改革，改革者必须要学会聆听英语教师的意见，积极鼓励英语教师参与到教材的编写工作中来。就是在英语教师与英语文本的互动中，英语教材的编写工作变得更加顺畅、科学，同时教师的英语阅读教学也变得更加轻松。

（2）学生与英文文本进行互动

二者之间的互动能够最大限度地将自主学习的理念展现出来。学生是一切学习活动的主人，英语阅读活动也不例外，他们只有自己主动地参与阅读活动，才能真正学会阅读。这就要求教师在教学过程中要积极引导学生参与阅读实践，加强学生与文本之间的互动，让学生在阅读过程中体会文本作者的思想。在传统英语阅读教学过程中，学生的主要任务就是单纯的阅读，在阅读过程中，他们并没有能够对文本做出自己独有的分析，其自主学习能力也没有获得培养。而学生阅读能力的培养是需要在其与英文文本的互动中实现的，可见，学生与文本的互动是非常有必要的，而且是非常重要的，无论是教师，还是学生，都不能够忽视这一点。

首先，要鼓励学生提出自己的见解。现代学生通过互联网可以接触到更多的知识、更多的人，他们的思想更加开放，生活更具有独立性，更希望在学校与家庭中获得更多的自主权。这种意识映射到学生的学习活动中，改变了他们的学习方式，当前，自主、合作、探究的学习方式是其追求的主要方式。不过，在学习的过程中，他们不可避免地都会受到原有知识体系的影响，久而久之，学生就会形成一种学习的惯性心理，该心理让学生的学习停滞不前，无法将其创新性思维发展开来，从而使其学习活动变得更加死板。从这一实

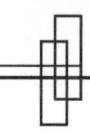

际问题出发，英语教师要摆脱文本束缚，分析学生学习的实际，用更加灵活的方法引导学生发散自己的思维。

其次，让学生发散自己的思维，教师可以在课堂上多组织学生对某一问题进行辩论，在辩论中，学生可以提出自己对问题的看法，从而让不同的观点、信息可以在互动交流中生成，这可以帮助学生摆脱僵化思维的束缚，使其更愿意参与英语阅读活动。教师需要清楚的是，英语阅读教学不是一个简单的认知活动，更是一个促进学生发展的活动，学生在进行阅读教学的过程中，不断获得新的生命体验，不断发展。

最后，要鼓励学生开展心灵上的互动。阅读教学不应该是教师一人单独的活动，学生的阅读行为也是阅读教学的一部分，因此，学生也应该积极参与到阅读教学中。教师在教学过程中要以积极的情感引导学生，让学生能够对英文文本加深理解，感悟文本作者的思想。此外，学生对文本的解读，方式绝对不能固定，其应该是多元化的，学生要学会在对文本解读的"入"与"出"中提高自己的英语水平。下面笔者将简要介绍一下文本解读的"入"与"出"。"入"就是要求学生能进一步贴近文本，能在对文本熟悉的基础上了解文本的深层次内涵，意识到文本的主旨，并最终做到与文本的良好沟通。当前，英语教材中所选择的诸多文本都是编写者进行诸多考虑的结果，因此也大都做到了文质兼美，文本的质量得以保证。教师要帮助学生挖掘文本的价值，在学生与文本中间架起沟通的桥梁，使学生可以更加高效、顺畅地解读文本。"出"就是要求学生能在文本中学到的英语知识进行转化，在后续的英语学习中能灵活使用它们。英语阅读学习与其他英语学习都是相通的，从英语阅读中学到的知识在任何其他英语学习环节中都可以实现转化。

（3）教师与学生之间进行互动

要开展教师与学生之间的互动，首先要营造和谐轻松的氛围。现代心理学的理论已经证实，当大学生处于一种较为轻松、愉悦的环境时，其思维活动才会更加活跃，其知识的学习才会更加高效。从这里可以看出，为学生营造一个比较轻松的学习氛围也是至关重要的，而构建新型师生关系又是其基础与前提。

在教学过程中，教师要摆脱过程唯自己独大的固有观念，而是要时刻具有师生平等的意识。在英语阅读课堂上，不再一味地带领学生阅读、分析文本，而是鼓励学生的参与，让学生可以对文本进行分析，发表自己的看法。而当学生对某些问题产生困惑时，教师要肯定学生这种善于思考的行为，并对其这种行为进行大加赞赏，绝对不能因为学生提出的问题可能超出自己所能回答的范围而否定，甚至苛责学生。英语阅读教学是教师与学生进行良好互动的过程，教师要学会倾听学生的想法，要了解学生对文本的认识情况，只有这样，教师才能以学生实际为出发点，为其创设一个轻松的学习环境。在具体的教学过程中，教师还要学会灵活地使用教学语言，教学语言在英语阅读教学中发挥重要作用。首先，教师需要在课堂上使用体态语。一般来说，体态语主要包括眼神、面部表情、手势、微笑等动作，例如，眼神的使用部分，教师要尽量能够使用自然、肯定学生、鼓励学生的眼神去鼓舞学生，通过眼神实现与学生的情感交流。面部表情部分，为了让学生可以接受教师的教学，认识到阅读学习的重要性，教师在日常教学中要保持一种严肃的神情，除此之外，为了拉近与学生的距离，在严肃之外，教师还要给予学生必要的温柔，在课堂上可以对学生微笑。其次，教师还要在课堂上多使用能够激励学生学习的语言。激励性的语言能够激发人类内心深处对知识的渴望，教师多使用这些语言可以激发学生进行英语阅读学习的欲望。

总而言之，在英语阅读教学过程中，教师不能忽视学生的学习感受，要尽可能用一些鼓励性的教学语言引导学生，让学生感受到自己是被重视的，从而便会投入更大的精力在英语阅读学习上。更重要的是，久而久之，教师与学生的和谐互动就会实现，尤其从情感层面上来讲，教师与学生也就完成了深层次的互动——情感互动。这样一种建立在教师与学生相互信任上形成的课堂氛围，不仅有助于提高教师教学的质量，而且还能提高学生学习的积极性。

其次，在教学过程中只有师生共同进步，才能实现教学相长。每一个文本都是作者心灵的外化，读者阅读作者创作的文本就能从其中了解作者对生命、生活的理解。不过，每个人成长的环境不同，对文本的理解也是不同的，不同的学生阅读同一文本也会产生不同的阅读感受。英语阅读教学就是得要让学生可以通过阅读产生自己对文本的独特理解。

《语感论》中曾指出："从心灵层面上来看，教师不一定比学生高尚；而从人的层面上来看，教师也不一定比学生高贵；而从读、写、听、说的言语主体层面上来看，教师也不一定比学生高明。"因此，在英语阅读教学中，教师要放下过去自己的"师长"架子，对学生进行重新认识，学生不仅仅是学生，他们也可以是"教师"，教师可以从他们身上学习到一些东西，这就要求教师要以更加开放的态度看待师生关系，在英语阅读教学中多与学生互动，了解学生的学习需求。深入探究之后就可以发现，教师进行阅读教学的过程其实也是一个其不断进行学习的过程，教师在进行课堂教学时，其可以在教材的辅助下厘清教学思路，完善知识结构体系。有些教师在教学过程中还会受到学生的启发，从而产生一些新的想法，对原有的文本产生新的认识。同时，教师也可以让学生对自己进行提问，这样教师就能了解学生的真实想法，从而更好地反思自己的教学行为，完善自己的教学设计。可见，英语阅读教学能够帮助教师与学生实现共同进步，教师的教学更加优化，学生的学习也更加高效。

最后，在互动教学中，教师要善于评价，及时反馈强化。

①随机评价

认识阅读教学过程可以从信息论的角度出发，从这一点上来看，教师与学生不断对文本进行信息输入、输出，并进行评价的过程就是阅读教学过程。英语阅读教学需要评价，教师与学生进行相互评价，将促进二者实现共同进步与发展。教师给予学生的评价，可以让学生在第一时间了解到自己学习的实际情况，对于自己存在的不足，学生也能尽快了解，从而积极改正。而学生给予教师的评价，能让教师认识到自己在阅读教学中存在的问题，从而进一步优化英语阅读教学，摆正教学心态，为学生提供更加不错的教学内容与方法。

不过，在这里还需要特别指出一个问题，当教师获得学生的反馈之后，需要对学生的学习情况作出评价，但是该评价看似非常"及时"，能让学生清楚自己的学习情况，但是同样也有一个明显的不足之处，那就是其他同学的创新意识很大可能会被扼杀。不少研究已经表明，人们的思维活动非常复杂，那些比较具有创新性的想法并不会存在于人类思维的全过程，主要存在于思维的后半程。这就要求教师在英语阅读教学中不能只是单纯地教授学生英语知识，而是能够采取一切手段激发学生的创造性思维，而从教学评价这一个层面上来说，就要求教师可以利用"延迟评价"原则鼓励学生发表自己的见解。该原则要求教师可以给学生留出一些充沛的时间，让学生进行讨论，在讨论中发现问题的不同解决方法。而当学生产生答案之后，教师不能立刻对学生的答案进行绝对的"对""错"评价，而是要给予学生适当的引导，引导学生彼此进行评价。

②小结评价

教师对学生的阅读学习评价是多方面的，不仅要对其阅读知识掌握情况进行评价，还要对其参与阅读实践的情况进行评价，只有多方面评价才能帮助教师更加全方面地了解学生。而小结评价就是一种可以让教师对学生进行全方位评价的方式。

小结评价的内容是对某一课或者单元的内容进行评价，通过这一评价，教师能帮助学生全方位把握其需要学习的知识点，同时帮助其建立自己的知识结构体系。同时，学生反过来也可以评价教师的教学，对教师的教学方法、手段等进行评价，这样教师就能清楚自己在英语阅读教学中存在的问题，从而在下一课或单元教学中作出改变。

总而言之，评价不能是单方面的，教师与学生的双向评价才是英语阅读教学不断发展的动力，同时，教师与学生也能在彼此的评价中不断发展。

（4）学生与学生之间进行互动

一般来说，学生对文本的解读主要包括三个方面：学生自己对文本的独特体会、教师对学生的引导、学生与学生间的相互影响。在前面的诸多论述中，笔者过于侧重前两个方面的论述，对于学生与学生间的相互影响并没有深入探究，但是，它也是促进英语阅读教学发展的重要因素之一，这是因为学生与学生就文本进行讨论可以使其与文本之间达成良性互动，从而使学生能更加清楚地认识文本。

在课堂上，学生对教师存在一种天然的敬畏感，他们总是习惯跟在教师后面，这导致其并无法形成创造性思维，思维发展受到明显的限制。不过，存在于学生之间的讨论往往不会出现这种情况，这是因为学生彼此之间是平等的，他们相互了解，因此在讨论过程中他们可以轻松地表达自己的观点。而且学生所提出的观点，在其他学生看来并不具有与教师观点一样的权威性，因此他们是没有必要全部接受的。在这种情况之下，学生之间更容易产生多样的信息，更容易理解对方，也更容易促进英语阅读的学习。

（二）互动式教学在大学英语听力教学中的应用

1.互动式英语听力教学的教学方式

（1）提问式

提问的方式可以让学生在课堂上利用英语进行回答，这样学生就获得了锻炼英语听力与口语的机会。教师提问的问题应该是学生所熟悉的，是学生感兴趣的，只有这样，一来一往的提问才能顺利进行。

教师在进行提问之前应该设计出一些相关问题，这些问题要尽量具有艺术性，能够为学生构建一个轻松、具有人文性的教学环境，同时还要进一步拉近师生关系，这样，学生才会感受到英语阅读学习的乐趣。此外，教师为学生设计的学习内容也应该与学生的实际生活相联系，这要求教师可以在课前与学生进行英语对话，了解学生最近的生活与学习情况。与学生生活、学习密切相关的话题能激发学生的沟通欲望，能让学生更愿意与教师交流，学生英语学习也就变得更加顺畅。可见，培养学生的交际能力是非常重要的事情，在课前的日常热身对话完毕之后，教师就可以将话题自然地引导到课本内容上来。在讲解课本上的听力内容时，教师可使用互动式教学方法，一般来说，这种教学方法在听力教学中的应用主要有以下三个步骤：

步骤1：预习听力材料

在进行新课之前，教师需要适当给学生布置一些预习任务，学生可根据任务对需要学习的内容进行猜测。

步骤2：分析听力内容

让学生深入分析听力内容，不仅要让其从基础层面出发了解听力材料中需要认识的新词汇、语法，而且还要对听到的内容列出提纲、独立组织。

教师要鼓励学生积极将自己听到的内容阐述出来，当发现学生表达有误时教师不宜立即阻止，而是要等到学生阐述完成之后再对其问题进行纠正，尽量不要打乱学生的表达节奏。

步骤3：巩固练习

为了巩固互动式听力课堂教学的成果，学生需要进一步对已经学习完的听力材料进行巩固练习，教师可以让学生在听完之后进行讨论，以实现教师与学生、学生与学生间的沟通。这种互动不仅能让教师了解到学生英语听力学习的实际情况，还能进一步激发学生英语听力学习的积极性。

（2）小组互动式

小组合作学习是学生重要的学习方式之一，该方式能让学生在共同协作中展示自己的个性，在培养合作精神的过程中形成良好的人际关系，更是能将个人学习成果转化为共同的学习成果，使学习效果得以加强。

①小组划分的原则

小组合作学习的实施并不是随意的事情，需要遵循一定的原则：小组成员要保持自己各自的异质性与代表性，在小组内部，成员们都可以从别的同伴那里获得经验，同时看到自己的不足。

②小组划分的形式

一般来说，小组合作学习的实施可以有三种形式：第一种是教师比较常用的形式，即

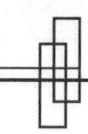

是学生与各自的同桌自动形成一个小组，这同时也是一个比较经济的分组形式，同桌之间彼此相熟，在进行问题探究时会更加默契；第二种是四个人为一个小组，四个人的小组形式也是遵循了距离就近原则，可以是前后位四人组成一个小组，也可以是横向两个同桌组成一个小组，该形式非常适合连锁问答；第三种可以以座位的一竖行为一组，不过，需要指出的是，这一形式有其不足，它可能在单词复习时会给学生带来不便。无论采用小组、横排、竖排、同桌、四人或随机排列，具体采用哪种小组划分形式，还需要教师根据教学的实际情况作出选择。

③具体实施步骤

步骤1：出示探究问题

教师提出的问题应该是经过深思熟虑的，为了激发学生的探究积极性，教师应适当提高问题的难度，同时还要贴合学生生活的实际，这样，学生就能更加主动地投入到英语听力学习中。

步骤2：小组合作探究

小组合作是有一定顺序的。可以组成4~6人的异质小组，然后给予他们一个问题，让他们根据问题进行讨论，在讨论过程中他们就会发现自己的优势与不足。教师需要对小组讨论情况进行及时掌握，当讨论遇到瓶颈时，教师还可以适当地对学生进行指导。大量的小组合作教学实践已经表明，这种小组活动在很大程度上可以提高学生学习的主动性，同时还能增进学生与学生间的了解，促进其彼此间的共同进步。

步骤3：组际间互相交流

在小组组长的带领下，各小组成员分工明确，共同探究问题，当各组讨论出结果之后，教师可让每个小组就答案的正确与否进行讨论。小组内部可以推举一个人作为代表与其他小组进行交流，如果小组代表的发言内容不足或者出现某些问题时，小组其他成员也可以进行补充或纠正。除了推举一人进行结果汇报与交流，也可以采用小组汇报这种集体形式进行。不过，不论是采用哪种形式，教师都应该对小组经过讨论得到的答案给予肯定。

2.互动式英语听力教学的实施策略

英语教学最为直接的目的就是通过向学生传递听说读写这些基础理论知识，使学生掌握必要的英语基础知识技能，从而使其最终可以在交际中灵活运用。语言的学习一般都是从听开始的，因此大学英语教学应该关注听力教学，教师在英语听力课堂上也应该选择适当的策略，注意培养学生听力学习的信心。

通常情况下，教师在英语听力教学中使用的策略主要有以下几种：

第一，解析标题。这一策略有其主要运用的领域，主要应用在训练学生主题听力技巧上。在使用这一策略时，教师先要向学生介绍一些任务，这些任务能够保证学生在具体听的过程中把自己的注意力放在文章的主要内容提炼上。然后再播放录音材料，让学生根据所听材料选择适当的标题。

第二，进行概述。这是对文章主旨进行概括的策略。当学生听完材料之后，教师可以让学生对整个文章的大意进行总结，然后再提供给学生几个关于文章概述的选项，让学生根据自己听的内容进行选择。

第三，学会排序。教师可以把听力材料的顺序打乱，然后向学生布置一些相关任务，之后播放听力材料，要求学生根据听到的情节对故事顺序进行重新排序，当学生完成排序之后，教师就可以对学生的顺序调整做出最后评判。

第四，复式听写。这一教学策略的主要目的是让学生从听力材料中获取具体的信息。在播放听力材料之前，教师要事先告诉学生哪些比较重要的地方已经删掉，进而提醒学生要注意聆听这些地方，在完成听力之后，学生需要将被教师删除的部分填补上。

听力训练的过程是一个并不容易的过程，训练形式也是多种多样的。教师在具体实施听力互动式教学策略时，应该遵循听力教学的相关原则，要从学生对与教师、文本的互动需求出发，这样才能提高英语听力课堂教学的质量。

（三）互动式教学在大学口语教学中的应用

1.互动式教学法对英语口语教学的启示

（1）确立正确的教学目标

存在于英语课堂上的口语互动都是以教师的启动为前提的，特别是教师在教授新课之前，其应当对学生进行适当引导，能够吃透教材，精心组织教学活动。而这些都需要教师围绕教学目标进行，正确的目标是教师进行教学活动的风向标，目标正确，教师才能沿着正确的教学道路前进。

（2）及时引导学生

在英语互动式口语教学过程中，教师一般会利用一些小问题将自己与学生联系起来，促进二者产生良好互动。在教师提出问题之后，学生需要及时回答，但是教师不能盲目认为所有学生都能迅速给出正确的答案，每个学生都是有差异的，学生水平不同，其思考答案的速度也是不同的。对于那些存在思维或语言障碍的学生，教师不可以要求其迅速给出答案，而是要运用恰当的方法对其进行积极引导，引导所使用的语言不要太生硬，最好能委婉一些。引导学生的过程就是教师与学生进行互动的过程，当学生进行英语口语训练时，教师可以给予其恰当的引导。

2.大学英语互动式口语教学的操作程序

（1）确定目标，抛出问题

在传统口语教学中，教师走入课堂就开始讲课，并未明确口语教学的目标，而在英语互动式教学中，教师首先要做的就是要确定教学目标。当目标确定之后，学生就会自动生成渴望完成目标的心理倾向，并且在教师的客观刺激下，学生的学习积极性也能被激发出来。围绕着教学目标，教师制订教学计划，实施教学策略，学生制订学习计划，选取学习方式，并且在教与学的过程中，教师与学生完成了良好的互动。

此外，英语互动式教学的实施还需要一定的问题启示学生的学习。对于问题，它需要

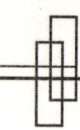

具备两种特征：第一，具有启发性，学生在思考问题时可以联想到其他相关知识，可以激发自己的好奇心；第二，具有发散性，问题不应局限于一个知识点，而是能让学生根据这一个问题发散自己的思维，拓宽自己的学习视野。除此之外，还需要格外注意的是，教师所提出的问题不能太难，也不能太易，而是要适中，能合理反映学生的学习情况，同时也能激发学生的学习积极性。

（2）创设情境，实践演练

英语口语教学非常注重情境演练，情境是学生接触英语知识比较直观的方法，它是英语教学比较关键的部分。创设情境主要能发挥两方面的作用：第一，能加深学生对英语知识的理解，这是因为教师所创设的情境往往贴近生活，学生在这种情境中学习，自然可以更好地了解这些知识；第二，能让学生感受到英语学习的真谛，在具体的情境中，学生能体会到英语语言的魅力，认识到英语语言知识并不是唯一的学习内容，文化学习也同样重要。在情境中练习口语，学生能直接感知英语国家的文化，清楚了解在英语口语交际中的文化问题。

（3）鼓励思考，帮助学生拥有自己的思考空间

任何知识的学习都不容易，除了教师教授给学生的知识外，学生也应该拓展自己的思考空间，依靠自己的努力获取知识。

（4）组内讨论，组际交流

在思考完成之后，讨论与交流是必需的，一般来说，其主要包括两个部分，一个是组内讨论，另一个则是组际交流。

教师对学生进行分组，提供给其一个可讨论的题目，学生就这一问题进行组内讨论，在激烈的讨论中，学生的口语能力得到了锻炼。同时，当学生在对某一问题产生疑惑时，教师就可以对其进行恰当引导，通过与教师的交流，学生的口语水平也得到了一定程度上的提升。组际交流是另一种交流的方式，它是小组讨论的进一步拓展。当各小组完成问题探讨之后，教师就可以让各组进行组际交流，在各组交流的过程中，教师不应该打断他们彼此间的对话，即使交流过程中出现问题，也应该当交流结束之后，教师再对其进行指导。

（5）及时评价，总结反馈

在教师与学生互动的过程中，教师要对学生的学习活动进行评价，主要评价学生的学习意识、学习态度等。不能采用一种评价方法评价学生，因为每一个学生都是不同的，教师要尽可能采用多样的评价方法，以尊重每一位学生，正确评价每一位学生。评价是对英语互动式口语教学的总结，通过评价内容与结果，教师可以总结出自己在教学过程中的不足，也可以总结出学生在学习过程中的不足。

第四章　英语语言教学理论与应用

第一节　英语听力教学

一、英语听力教学综述

听力是生活中最常见而又最容易被语言教学所忽视的一项技能。20世纪70年代之前，有关语言教学研究的文献中很少专门探讨听力教学的问题。而随着交际教学法的推广，人们开始意识到听力是人的语言水平的重要方面，听力教学逐步引起人们的重视。各种形式的考试都把听力作为考查的一个部分。20世纪80年代开始，有关听力教学及听力技能的研究逐渐增多。

其实，人们在进行听力教学时，对其主观想法的改变是因为输入、输出假说的出现。假说认为人们输入大量的第二语言内容，能够帮助自身的语言文化得到提高和锻炼，换句话说，只要人们学习的语言文化足够多，便能够进行语言输出。同时，1980—1990年，许多语言学领域的学者在心理学发展的背景下，通过对语言模式的理解和参照，把"自上而下"与"自下而上"两种理论模式进行了详细区分，且对图式理论的发展更加看重了。听者在处理一项内容时，运用自下而上模式对内容中所暗示的编码进行解读，同时，英语的听力教学也影响英语语言知识结构和语篇分析的发展。人们可以通过意识对这些教学内容进行编辑，并帮助人们分析语篇的结构和内容，帮助其合理运用听力材料中的理解途径。听力教学能够帮助学习者锻炼他们的口语能力，所以，听力材料的可实践性也是影响其价值发挥的重要因素。

目前，关于听力教学人们基本达成以下共识：听力材料应该包括独白和对话在内的选材广泛的真实口语语篇；在听之前，应该首先使学生建立相应的图式；听力的策略要融合到听力材料之中；要给学生几次听一个语篇的机会，使他们逐渐形成自己的听力技能，并在每次听的时候逐渐加大听力任务的难度；听力活动要有目的性，学习者要清楚自己要获得什么样的信息，为什么要获得这些信息；听力活动或者任务要给学生创造积极参与听的过程的机会。

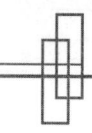

二、英语听力教学的理论基础

（一）听的心理过程

接受性技能主要体现在听、说、读、写四项技能中的"听"，但这不代表"听"就必须要被动接受，"听"从本质上说是一种主观对信息进行处理的过程，心理学对于"听"的研究表明，其产生和发展的过程与人的记忆具有一定关联。信息的敏感程度能够透过人们的感官神经进行短暂记忆，这个过程可以称为人们的感知记忆。感知记忆维持的时间较短，所以也被称为瞬时记忆，其通过外部的刺激和感知进行瞬间记忆后又迅速消失，在信息的筛选与储存上，记忆通过感官神经进行内部运作，瞬间登记感官截取到的信息并保留，它是信息加工处理后的第一个阶段。短时记忆是指信息在第一次呈现后所保留的一秒记忆，其也被称为工作记忆。短时记忆与感知记忆无论是从本质上讲还是从作用上讲，都具有较大差别。短时记忆是一种操作性较强且正在进行的记忆，而感知记忆则是指不受主观意识控制的一种非加工记忆。

人们在回想某个事物时，运作过程是大脑对该事物进行加工的过程，短暂记忆起来之后，便被遗忘，但对于一些想长期记住的回忆，就必须在大脑的所有回忆当中对其进行编码，只有这样才能够长久地帮助人们加深对此记忆的印象。短时记忆相对于长时记忆来说，更加具有敏感性。这种敏感性是当记忆中的某些规则被调遣后，所提出的有效信息能够独立存在，且具有感知记忆。如果记忆者加深对该记忆的编码，并且扩大了时间的寻找范围，那么在一定程度上，记忆者在回忆起某段记忆时便扩大了自己的记忆容量，在这一过程中便形成了组块的概念。组块是通过人们大脑中零碎的记忆拼凑出的一种集中式记忆方法，可以处理一些相对比较庞大的信息群体，这种回忆过程采用组块为单位，这种组块可以是一个个体，也可以是多个个体的结合。

长时记忆的内容包括学习中所用的材料，经过不同的记忆和回忆之后，能在大脑中进行长时间的保留。长时记忆相对于短时记忆来说，是一种记忆内容的升华，这种记忆的资源庞大到无法计算，它可以帮助人们储存一切关于世界上的知识文化，在记忆者需要调动这些知识时帮助其回忆起所需知识，为记忆者提供必要的理论支撑。长时记忆比短时记忆的信息加工时间长，因为长时记忆所耗费的记忆时间从本质上来说就要高于短时记忆。所谓的记忆整合和信息资源的调配就是通过大脑中材料的加工和转变，融入新的知识内容，并把这些全新的内容放置在大脑中的知识构架中。同时将全新资料和已拥有的资料进行融合，并归置在不同的单元框架中，组合形成这些新的材料也可以由记忆进行长时或短时加工。信息的转入时间和转出时间，以及信息的整体利用方式的特点要根据每个人的习惯来体现，可以说，不同人的脑中所采用的材料编码形式也不同。人们在听到某一重要内容后，首先会在大脑中形成一个记忆框架，并把所听到的内容填入每个层次的框架之中，厘清前后顺序，并从中筛选较为重要的知识内容进行重点记忆，对一些不重要的语句便自动进行短时记忆处理。其中的环节和过程相对来说要更加复杂，不只是通过大脑的记忆就可以对信息进行调配和分类，且在进行记忆的过程中，不同种类的内容也会被分配到不同的领域。例如，在听到语言类的材料时，记忆会把语言材料采用编码的形式储存在大脑之中；在听到优美的音乐和旋律后，大脑会把这些音符转化为不同的情感内容储存在大脑中。不同的表达情绪被人们听到后，大脑也会对其进行不同的分类，大脑能够清楚地辨别相同材料的不同理解，使人们的情感更加丰富、多样。

上述只是描述了听的过程中信息处理的大体步骤，而实际的过程要复杂得多，因为听的过程中信息处理并不单纯依靠语言本身。听者必须把语言置于具体的语境之中，才能理解真正的意义。在听母语的过程中，听者会自动激活他们长期以来积累的文化知识、说话者的背景等相关的信息，而且能够根据以往的经验在一定程度上预测下一步将要听到的内容。他们知道不同类型的人会以不同的方式表达不同的内容，在不同的场合及讨论不同的问题时使用不同的语言风格。这些知识在上述三个阶段都会起作用。

（二）影响听力的因素

由上述听的心理过程我们可以看出，影响听力的因素是多方面的，概括起来主要包括三种：语言本身的因素、语言背景知识、分析综合能力和心理因素。

1.语言因素

语言因素主要包括词汇、语音、语法这三个方面。人们在听的过程中，首先接收到的是对语音、词汇、语法的主观感知，在理解该语言的语境后，进行识别或分析。所以，对于听者而言，语言基础知识积累的多少影响着其自身听力水平的好坏。

想增强自身的英语听力水平，最主要的就是具有扎实的语言基础，英语相对于我国大部分的学生而言，是一种经常接触的语种，但对于某些区分起来较为困难的元音和辅音，掌握起来会稍有难度。很多学生会在众多的辅音长句中省略掉一些辅音的发音，另外，口语的翻译解读与语音的区分基本上是独立存在的，上下文之间的联系和语境可以很好地帮助读者辨别语音信息。同时，口语中的语调和节奏也是较为重要的因素，口语语调中会分为重读和轻读两种方式，重读一般在某个句子的重要信息节点处，重读的语调会使同一个短句理解出不同的意思，从而导致整篇文章出现语义变化。

学生在训练英语听力的过程中，首要任务便是积累大量的词汇和短语，很多学生往往会因为着重思考听力中的某个生词而错过整段语言的表达。词汇与短语积累不够，还会导致学生在听力考试中对某个词汇产生误解，造成不必要的阻碍。当然，听力测试中难免会出现些许生词，学生不会因为出现一个生词就完全偏离原文内容的释义，可以根据上下文语境或是前后短语搭配进行理解。生词的出现是必然的，怎样规避生词所带来的语义不明是考验一个学生听力的基础能力。除了基本的词汇积累，学生还应了解必要的语法和句式，保证在听的过程中不会耗费太多的精力去思考每一个单词的意思，有效节省听力翻译所消耗的时间。

2.语言背景知识

语言背景知识对于听者正确获取信息也是极为重要的。根据图式理论，听的过程就是

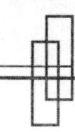

听者利用大脑中储存的文化背景知识对新的信息进行加工整理的过程。听者需要对所获得信息进行分析、选择、整理，从而获取新的知识。在听的过程中，听者会根据这一图式及所听到的内容对先前的预测进行验证并补充其中的部分细节。在所听到的内容中，有许多信息是听者已经掌握的，加工整理的重点在于那些未知的新信息。新信息越多，处理的负担越重。也就是说，听者已知的信息越多，听起来的难度就越小。完全陌生领域的听力材料，对于听者来说，困难是很大的。

3.分析综合能力和心理因素

分析综合能力主要体现在听的过程中对语篇的理解方面。对语篇的理解涉及许多因素，在听力理解过程中，随着语篇的展开，听者需要根据语篇上下文并运用积极的认知策略来理解语篇所表达的意义。语篇是由一系列句子构成的，但句子的意义有时要受到语篇宏观结构的制约，对单个句子的理解并不能说明听者已经理解了整个语篇。

听是一种接受性的语言技能，在听力训练的过程中，听者无法控制所听到材料的难度、速度、语调和节奏。这些客观因素有可能会给听者造成一定的心理压力。而且，在听力课上，学生的心理活动容易处于一种抑制的状态，思维变得迟钝，不容易发挥学生的主动性和积极性，课堂气氛也比较沉闷。另外，一些学生遇到听不懂的单词和句子就变得过分焦虑，这会降低信息加工的有效性，加大听力活动的难度。

（三）会话含义

会话含义是语用学研究的重要问题，了解有关的理论知识对于听力教学具有重要意义。在实际的语言交际中，说话者的真实意义有时与所说话的字面意义不一致，会话含义就是指隐含在字面意义之内的说话者的真实意义。

会话含义就是我们通常所说的言外之意。在交际中，只有正确捕捉这些言外之意才能真正理解说话者的意图。因此，理解会话含义是听力教学的重要组成部分。对于会话含义的产生，美国哲学家格赖斯进行了大量的研究，认为会话受到一定条件的制约，参与会话的人要朝着一个共同的目标，互相配合。格赖斯把会话中需要人们共同遵守的原则称为合作原则，其中包括一系列的会话准则。例如，量的准则：说的话应包含需要的信息内容，不多也不少；质的准则：说的话应该是真实的，不要说自己认为是假的话，也不要说缺乏足够证据的话；相关准则：说的话要与话题相关；方式准则：说话要清楚明白，要简练有条理，避免晦涩和歧义。

二、听力教学的重要性

1.牢固学生的语言知识

大学的英语听力教学活动能够有效促进学生巩固在课堂上学习到的英语知识，进而推动知识体系的搭建。听的过程是一项十分复杂的信息处理过程，这一过程必然涉及对语言信息的理解和输出。学生通过听力理解活动，既提高了听力水平，又实现了新知识的构建，掌握了语言规则和内容。

2.增强学生的语言应用能力

实践证实，大学英语听力教学活动能够有效提升学生的综合语言应用能力。作为语言输入的一种重要方式，听力教学活动既能引导学生对英语语言的声音符号信息进行辨别，又能使学生展开积极思考，对语言信息进行重新组合，更好地理解所学的语言知识。同时，听力教学还能够提升学生的语言学习效率，进而提升他们的语言应用能力。

三、听力教学的发展现状

虽然现阶段我国的大学英语教学转型已经取得了突破性的进展，然而英语听力教学中仍旧出现了各种各样的问题，这些问题严重阻碍了英语教师的正常课程讲授。

1.教师层面

从教师的层面上讲，英语听力教学中主要出现了教学目标定位不准确、课前未进行适当的引导这两个问题。

其一，教学目标定位不准确。

在大学英语听力教学中，一些英语教师由于欠缺解析、掌握教学目标的能力，而只把英语教材中的听力练习作为听力教学的主要内容。如果听力材料太难，教师就会对听力练习进行调整。虽然此种做法在一定程度上推动了英语听力教学的发展进程，然而在实际中却脱离了英语教材最开始所制定的听力教学目标，这会影响听力教学的成效。

其二，课前未进行适当的引导。

目前，一些教师习惯性地在听力练习之前解释和说明所要听材料的生词、句型和前后逻辑关系，这种过度的引导使得学生根本不需要认真听材料，就可以选出正确的答案。与此相反，一些教师在听力练习之前并不做任何的指导，便直接为学生播放听力资料，还要求学生务必要完成听力任务。由于教师事先没有介绍和说明听力材料中的生词以及相关的背景知识，而学生本身对话题也不熟悉、不了解。因而，在这种情况之下，学生并不能顺利地完成听力练习的任务。由此可见，在大学英语听力教学的过程中，英语教师应该在听力练习之前适当地对学生进行引导。适度引导要求教师要把握一个度，不能不引导，也不能引导过度。

2.学生层面

从学生的角度来看，听力教学中出现的问题重点囊括了心理压力过大与基础知识薄弱。

第一，学生心理压力过大。

在英语听力课程中，一部分学生一听到英语教师要进行听力练习，内心便会出现焦灼、忧虑的情绪，脑海中还会一片空白；一部分学生由于成绩不好，缺乏自信，甚至产生自卑心理。这种压抑的心理状况长久积压在学生的心里，便会对他们的学习心情产生不利影响，他们的听力水平也不会得到提升。

第二，学生基础知识薄弱。

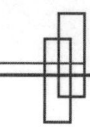

现阶段，我国大学生的听力基础知识普遍比较薄弱，这就影响到英语听力教学的整个进程。学生基础知识薄弱突出表现在以下两个方面。一方面，学生的语音知识相对比较薄弱，缺乏必要的语音规律知识，这就使学生在听力练习的过程中一旦碰到弱读、连续、吞音等特殊现象，便不容易识别原本的听力内容，进而也不能精准地掌握语句的内在含义。再加上有些学校语言环境和教学设施的缺乏，学生基本不能受到专门的英语发音和听力技能训练，因而必然就导致学生的语感差、无法掌握英语发音的特点和规律。除此之外，一部分学生受到方言的严重制约，他们的发音也不甚标准，也必然会影响听力的准确度。另一方面，学生的词汇量往往较小，对句法的结构及相关的语法知识的认识并不深入，这就制约了学生的听力理解能力。

四、英语听力课堂教学

听力教学的目标是使学生能够恰当、灵活地使用各种听力技巧，最大限度地提高听力理解的能力。但是在真正听的实践中，可能遇到各种困难。即便学生还不能够完全掌握所学的语法现象和大量的词汇，教师也期望学生能够应对真实的交际环境。这就意味着学生要能够尽量多地理解所听到的语音，分辨出相关的信息，了解主要内容而非逐字逐句地理解。多听可以得到更多的语音输入，而语音输入是语言习得的基础，是交际互动的必要条件之一。教师要培养学生根据不同的语境、输入的信息和目的来调整听的行为，帮助学生建立系统的听力策略，并使用适当的策略来应对不同的语境。

（一）听力策略的培养

听力策略是加强听力理解和回忆所听内容的技巧或者活动。听力策略可根据处理信息输入的不同方法来分类，主要包括自上而下模式和自下而上模式。自上而下模式以听者为出发点，听者应了解话题所涉及的背景、上下文内容、文章的类型和语言。这些背景知识将有助于听者预测和阐释所听到的内容。自上而下模式所采用的方法包括抓主旨大意、预测、推理、总结等。自下而上模式以文章为出发点。自下而上模式所采用的方法包括听具体细节、辨识单词、了解词序的模式等。另外，熟练掌握听力技巧的听者还能够使用元认知策略来计划、检查和评估他们所听的内容。

除上述两种具体的方法之外，听力教学还要注意培养学生的元认知策略。元认知策略具有计划性、监控性、反馈评估性的特点。元认知理论是指一个人所具有的关于自己思维活动和学习活动的知识及实施的控制。它主要包括两部分内容：对于认知的知识，即个体对认知活动、过程、结果及其他与认知有关的知识；对认知的调节和监控，个体在认知活动进行过程中，对自己的认知活动积极进行监控调节，以达到预定目标。简单而言，元认知就是认知的认知，是个体对自己的认知加工过程的自我觉察、自我调节和自我评价。根据此理论，听力教学中的元认知策略要求听者在听前根据其特定的语言环境确定所使用的听力策略，在听时监控他们的听力理解是否准确，所选择的技巧是否有效，在听后评估是否达到了听力理解的目标，是否在听的过程中选择了有效的听力技巧。帮助学生建立系统的听力策略体系，并能够灵活地使用恰当的策略来应对不同的语境，最终达到加强听力理解的目的。

（二）英语听力教学的阶段

英语听力教学可以分为三个不同的阶段：听前阶段、听中阶段和听后阶段。听前阶段是指在学生正式开始听之前的一段时间的准备活动。在听前阶段，教师需要确定以下几个问题：所听材料的大体内容和听的目的；是否需要补充一些背景知识或语言知识；采用何种方法进行听力训练，是自上而下模式还是自下而上模式。在此阶段，教师需要利用各种听前的活动尽可能使学生熟悉题目所涉及的背景知识，预测将要听的内容并确定适当的听力策略，还要使学生了解所要听的主题、课文的类型及听的目的。听前的活动主要包括向学生提供背景知识，让学生阅读一些相关的内容，让学生看图画，讨论将要听到的主题，针对将要听到的内容进行问答，介绍听力训练的过程等。这些活动目的在于帮助学生激活相关的背景知识、预测将要听到的内容、解决可能碰到的语言问题及背景知识的问题等，以便使学生尽快进入听的状态。在选择和设计听前活动时要注意以下几点：听前活动所占用的时间不要太长，否则会造成喧宾夺主的后果。要尽可能有利于使学生感觉到后面的听力活动真实自然，贴近现实生活。要使学生通过这些活动了解听力材料中的交际活动发生的时间、地点、参与的人及他们之间的关系等各种信息。使学生清楚他们听的步骤。与其他三项技能相互结合，有利于综合提高学生的语言能力。

听中阶段是指学生进行听的一段时间，该阶段的目的在于通过学生听的实践及各种活动培养学生从听到的内容中获取信息的能力，它是整个听力教学的核心部分。听后活动的目的在于以下几方面：

（1）检查听力理解的效果

在完成听力活动之后，教师可以通过口头给出答案、要求学生相互检查、安排小组讨论、要求学生自己核对课本中所提供的答案等方式检查听力理解的效果。

（2）反思听力过程的成败得失

教师可以根据本课的教学目标，确定某个或几个听力微技能作为培养的重点，结合学生的实际表现培养学生的学习策略，提高学生的微技能。

（3）给学生机会考虑听力材料中说话者的态度与方式

在听母语的过程中，听者一般可以容易地识别说话者的态度，但是对于外语学习者来说，在听的过程中他们一般把重点放在信息的获取上，而无暇顾及说话者的态度和方式。

（4）扩展听力材料的主题

通过扩展听力材料的主题，使学生能够顺利过渡到其他的语言技能训练活动中。

（三）听力考试应对策略

听力理解要求学生具有扎实的语言知识，如语音知识、词汇量、语法知识等。如果学生注意这几方面能力的培养，能使用较为得当的学习方法，那么，听力理解能力还是能够较快提高的。

目前，听力练习的基本形式是听广播、听报告、看电影、看录像等。随着科学技术和网络技术的飞速发展和对外交流的增加，大家接触到英语国家人士讲英语的机会越来越多。参加听力考试，考生还要注意以下几点：

（1）精听与泛听相结合

练习听力，学生首先要学会泛听，即听一遍抓主旨大意或中心意思。完整地听过一遍全文之后在语篇水平上获得信息；提高理解力，培养抓大意的本领。许多材料还要精听，即在完整地听全文的基础上，反复地去听若干遍，尽量听懂每一个词、短语和句子，掌握内容细节。

（2）抓要点

篇章的听力理解难度最大，所以考生要抓住句子的关键词和文章的要点，不要把注意力过多地停留在个别音、单词或表达法上。考生的思维理解速度要跟上说话者的语速，考生要边听边记，运用逻辑思维方法，充分发挥联想猜测能力，做到听大意、记关键词、抓住主要信息。

（3）掌握听力考试的技巧

拿到试卷后，在开始听正文之前要抓紧时间扫视问题选项，以获取已知信息来预测将听到的信息。

五、现代英语听力教学策略

（一）大学英语听力能力培养教学策略的选择依据

总体而言，听力教学方法与策略的选择要考虑以下三方面的因素：听力教学目标；学生的认知因素和非认知因素；听力材料选择、活动设计、学习策略、各项语言技能的综合训练及教学效果评价等方面的因素。

首先，选择听力教学方法与策略的最终目的是为了实现特定的教学目标，帮助学生掌握课程规定的学习内容。从这个意义上看，听力教学方法与策略的选择是达成学习目标的一种方式。每个学习阶段甚至每一堂课都有具体的教学目标和教学内容，教师需要根据不同的教学目标，选择相应的听力教学方法与策略。当在某一阶段需要完成多个教学目标时，教师应当根据学习内容的特点，将数种听力教学方法相融合，以取得更好的教学效果。例如，使学生掌握某一语法规则与使学生具备就某一具体情景进行会话的语言能力是两种不同的教学目标，教师应选择与之相适应的听力教学方法和策略。使学生掌握语言规则需要以讲解为主的教学方法，并辅之以丰富的语言实例，促使学生建立相应的语法概念：在这种情况下，听力教学方法和策略应关注学生所听到的内容的准确程度，听力教学活动是促进学生学习语法的有效手段。而使学生具备就某一具体情景进行会话的语言能力则需要建立真实语境的教学方法，在这种情况下，听力教学方法和策略应更关注学生听力发展中的流利程度，让听力教学活动成为提高学生语言使用能力的有效途径。

其次，在选择听力教学方法与策略时，教师也要考虑到学生的认知因素和非认知因素。从一定程度上说，教师对学生原有知识状态和当前认知特点的合理估计与预测决定了课堂教学的成功度。心理学研究早已证明，人的感觉、直觉、记忆、想象、思维等心智功能的发挥都会受到非认知心理因素的影响，如情感、兴趣、动机、意志、自信心，以及在群体中的合作意识等。例如，积极的情感态度能够促进大脑中信息的组织、加工和储存，而消极的情感态度会对心智功能产生抑制作用。教师应将积极的非认知心理因素作为选择教学法的一个重要原则，在培养学生听、说、读、写能力的同时促进学生的心理健康发展。

最后，除了考虑教学目标及学生的特点，教师还应考虑听力材料选择、活动设计、学习策略、各项语言技能的综合训练及教学效果评价等方面因素对听力教学方法与策略选择的影响。以下分项论述各项因素对听力教学方法与策略的选择的影响：

（1）方法与策略的选择应遵循听力材料选择上的"可理解性原则"与"细化原则"

"可理解性"指听力材料作为语言输入在难度上应以学生现有的知识结构为基础，但又稍微高出学生现有的语言能力。教师须采用多种方式和渠道为学生提供大量的"可理解性"语言输入，以激活学生大脑中已有的、与当前学习活动相关的内容图式，减少学生在接下来的任务完成阶段中的认知负荷。同时，也要注意对语言输入的"细化"，即不忽视学生对听力材料中的重要词汇、句型、语法规则、篇章特征及文化差异等方面的细节化处理。

例如，教师让学生听录音或观看录像中的简短对话，听前将对话中的关键词或短语写在纸条上发给学生，要求学生听后根据纸条上的提示线索写出对话内容。这类听力练习的目的是帮助学生借助听到的真实对话巩固所学知识和技能。

类似的活动还可以采取另外一种方式开展。例如，教师给学生读一则听力语篇材料或播放听力语篇的录音，引导学生对所听内容进行讨论，根据学生的英语水平，讨论可以用英语或汉语，但原则上鼓励学生用英语交流，目的都是为了鼓励学生积极参与，集中注意力理解听力语篇中的关键信息。在接下来的活动中，教师可以鼓励学生将自己听到或者用笔记录下来的关键词写在一张纸上，同桌互相交换，教师再次读这一语篇或再次播放听力语篇的录音，要求学生核对同桌记录的关键词，鼓励学生根据自己的理解添加或者删减，然后再次交换写有关键词的纸条。这次学生拿到的纸条上记录的是自己和同桌汇总的关键词。教师第三次读语篇或播放录音，要求学生核对关键词，继续进行添加或者删减，并让一名或几名学生把自己记录的关键词一一读出来，供全班讨论哪些是关键词，哪些不是，并说明原因。

（2）方法与策略的选择应遵循听力活动设计过程中的"强迫原则"与"协作原则"

听力过程的复杂性要求学生高度集中注意力来处理相应的语言信息，如果学生心不在焉，那么无论教师如何巧妙地处理听力材料，听力活动开展的效果都不会令人满意。为了能激发和保持学生的学习兴趣，在教学活动过程中，教师应时常扮演督促者的角色，要求学生不满足于听懂，而是要根据听到的信息进行更多的语言输出活动，这类语言活动被称

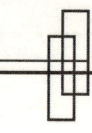

为"强迫性语言输出"。

"强迫性语言输出"活动能促使学生意识到自己在语言表达方面存在的问题和不足，因而会更加有意识地关注语言输入中的相关信息，发现自己的语言表达方式和规范的目的语形式之间的差异，从而触发第二语言学习过程中的认知加工过程，生成新的语言知识或者巩固原有的语言知识。但是，过分的强迫行为也可能导致学生产生过高的学习焦虑，因此教师又要结合"协作原则"，扮演支持者和合作者的角色，信任、鼓励和分享学生的学习过程和结果，形成融洽的师生关系。教师还要鼓励学生在学习中互相合作，在完成任务的过程中，使每名学生有均等的机会参与讨论并回答问题，让学生分享彼此的思考、经验和知识。例如，设计听力活动时尽量安排丰富多彩的教学活动，如根据听力信息对相关内容排序、绘制地图、填空等，达到理解听力材料信息和训练听力技能的目的。

（3）方法与策略的选择应遵循听力活动过程中的"意义/形式相匹配原则"与"技能综合原则"

语言输出非常有利于二语发展，学生通过语言输出对语言进行语音、词汇、句法及篇章层面的分析，而非仅仅停留在对语义的理解层面上。在听的过程中，即使遇到听力障碍，学生也可以通过重复听录音、教师提示或与同伴进行意义协商等方法，不断调整自己的学习方法，从而尽可能多地理解输入的语言，并在此基础上提高语言输出的可理解性、得体性和准确性，即使语言的意义与语言的形式相匹配。

而且，听力技能的应用离不开其他的技能应用，如仿说、写作、阅读、动手做、计算、绘图、填表、判断及角色扮演等，即"技能综合原则"。事实上，听力技能应用也只有与其他技能的应用相结合才能显现出其交际性的本质特征。本着"在做中学"的原则，将学生的英语学习兴趣和动机维持在较高的水平上。学习活动丰富多彩、寓教于乐，听、说、读、写技能的使用比例尽量反映出英语本族语者使用语言的习惯。语境真实，语言用法地道，引导学生以积极、自信、轻松的心理状态参与学习活动。

（4）方法与策略的选择应遵循听力活动过程后的"评估原则"和"反思原则"

评价旨在获取有关学生目前状态的信息，根据收集的信息对学生的语言知识和技能加以评估，为教师提供及时反馈，以便教师及时了解学生对听力信息的理解程度、存在的困难等。要想准确评价、记录、反馈学生在学习过程中取得的进步，教师应尽可能多地搜集信息，信息本身也要精确、可靠。

当然，不可否认，测试也是一种了解学生进步程度的有效手段，听力测试的方法包括回答问题、判断对错、完成选择题、完形填空、词汇或句子意义匹配、听写，以及面对面互动交流等。听力活动完成后的评估应该包括测试，但是又不能局限于测试。听力活动完成后的评估方式主要包括教师评估和学生自我评估两种。教师评估是指教师通过课堂观察和对听力理解任务完成结果的了解，对学生的整体学习状况或学习进步进行的主观性的评估。有些教师仅根据听力测试成绩对学生进行听力评估，这往往是不可靠的，还应将学生在课堂上的具体表现包括在内，可以采用学习文件夹的方式记录学生在听力理解方面的进步及具体表现。

学习文件夹是指汇总学生学习记录的文件夹，主要用于存放反映学生的学习过程和进步的各类学习成果，如查询资料的汇总、作业、试卷、评语、调查记录及照片等，这些学习记录由教师和学生共同收集，按照一定的顺序形成档案，用于学生的自我评价和其他形式的外部评价。

学生自我评价是指学生自己客观地评价自己的学习状况和在学习中取得的进步。教师应制定清晰的评价标准和权重体系，引导学生对照这些标准回顾自己在听力理解过程中的表现，反思自己采用的听力策略，从而学会分析、监控自己的学习过程。

当然，任何一种方法与策略的选用和实施都无法脱离实际的教学环境，并不存在适用于一切教学活动的最优教学方法和策略。面对不同的教材、不同的学生，任何一位教师都无法采用单一的教学方法和策略。因此，就听力教学方法和策略来说，"选择"是整个听力活动设计的精髓所在。教师应掌握多种教学策略理论，取其精华，然后结合具体教学环境的特点，选择恰当的教学方法和策略。

（二）大学英语听力教学策略的实践应用

1. 应用多媒体技术开展大学英语听力教学

引入支架式教学模式。支架式教学以学习者为中心，是在学习者原有知识的基础上，帮助其构建新知识体系的一种概念框架，框架中的概念是为了让学习者更好地理解知识。因此，大学英语教师必须提前分解复杂的学习任务，逐步引导学生，使其更深入地理解知识。支架式教学的具体环节如下：

（1）搭脚手架。教师围绕本次英语听力教学主题，建立概念框架。

（2）进入情境。教师可以借助多媒体设备播放一些音频影像，带领学生进入一定的听力学习情境中。

（3）独立探索。教师针对本次的学习主题提出问题，让学生独立分析。在探索之初，教师借助多媒体设备播放一些线索，启发和引导学生，之后逐渐放手让学生自己独立探索。通过这一环节中的师生良好互动和多媒体技术支持，帮助学生沿概念框架进行有意义的学习。

（4）协作学习。通过小组协商讨论汇集学生意见，共享集体思维成果，最终让学生借助多媒体设备全面展示讨论结果，完成对所学知识概念框架的建构。

（5）效果评价。教师最终可以借助多媒体设备全面、立体地展示听力学习评价结果，使学生能够更加直观地认识到自身在听力学习中存在的问题。

教学目标在教学活动中十分重要，教学目标的制定是整个英语听力教学的关键环节。制定教学目标时不仅要参考教育部的考核要求，还要考虑学生的兴趣。在英语听力课上，教师不仅要操作多媒体设备、了解学生的学习情况，更重要的是要激发学生对英语的兴趣。教师可以充分利用多媒体设备播放一些英语歌曲或电影片段等，激发学生对英语的学习兴趣，培养学生的英语逻辑。同时，学生也可以利用多媒体设备为影像重新配音，或选

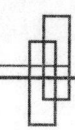

取影像片段进行表演。这些教学方式既提高了学生对英语听力的敏感度，又充分发挥了学生的个人才能，调动了学生对英语的学习热情。学生可以借助多媒体设备真正地参与到课堂中，成为英语听力课堂的主体。

2.应用元认知策略开展大学英语听力教学

元认知策略，来源于元认知概念。"元认知"是1976年美国儿童心理学家弗拉维尔提出的，他在自己的《认知与发展》一书中写道：元认知就是对认知的认知，具体地说，是关于个人自己认知过程的知识和调节这些过程的能力，对思维和学习活动的知识和控制。"元"是一种哲学概念，由语言学家和哲学家塔尔斯基引进，用于解决哲学中内省法的自我证明悖论，即"meta whatever、refers to whatever、about whatever"，弗拉维尔在学习儿童学习策略的研究中引入了"元"的思想，提出了自己的元认知思想——反映或调节认知活动的任一方面的知识或认知活动。将元认知策略应用到学习中，就是指学生对自己的认识过程及结果的有效监视及控制的策略，主要有计划策略、监控策略、调节策略三种。

大学英语听力教学历来是大学英语教学的一大难点，很多教师对提高英语听力的方法进行了探讨，元认知策略是其中一种较为有效的方法。

（1）计划策略

任何一堂英语听力课程的有效完成，都需要师生共同努力。元认知的计划策略，是指学习者根据自己的学习目标制订相应的学习计划。目标是前进的动力，清晰科学合理的目标及根据目标制订的学习计划，能让学生有目的、有计划地进行英语听力的学习，提高学习的效率。教师在英语听力教学中应用元认知的计划策略时，应针对学期学习目标，认真研读教材，制定听力教学的目标和基本计划，并将其详细地告知学生，便于学生在预习、学习过程中将学习重点放在某些章节，有主有次地运用时间和精力，提高学习效率；针对每一堂课，教师也应将本堂课的教学目标、基本计划告知学生，让学生带着目标跟着教师的教学计划顺利参与课堂学习；针对学生本身，教师应尽可能地全面掌握学生的学习基础、学习习惯等，在英语听力学习过程中，鼓励、引导学生针对自己学习存在的问题和不足，制订相应的改善计划，包含改善方法、进度、重点训练内容等，通过学生的自我检查、学生之间的相互监督、教师的抽查评估等，及时全面地掌握学生的听力学习情况，具体问题具体分析，提升听力学习。

（2）监控策略

元认知策略中的监控策略，是指学习者对自己的学习方法、学习进度、学习效果等学习情况进行静态的、动态的监控和评估。大学的教学模式和小学、初中、高中是不一样的，课程安排相对松散，课程之间的间隔也比较长，对学生的自律能力、自学能力、自我管理能力要求较高，英语听力学习更加看重学生的主体性，相比其他阶段的学习，教师的主导性被弱化，但不代表教师可以放松对学生的指导、引导。也就是说，教师要积极鼓励学生根据自己的学习目标、学习计划检查自己的学习状态、学习方法、学习习惯，看有没有达到目标，存在什么问题等。比如，教学过程中，教师要积极对学生的学习情况进行监

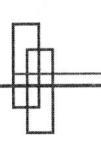

控，通过定期的学习检测、课堂提问等适时地掌握学生的学习情况。具体到某一堂课教学中，教师要加强教学过程的监控，比如通过注意力监控，确保学生跟上自己的教学节奏，理解教学的重点、难点，掌握听力训练技巧，等等。元认知的监控策略是一个静态监控与动态监控相结合的过程，学生始终是监控的主体，教师的任务是通过加强引导和教育，让学生正视自己的学习内容、方法、进度、习惯是否有效，是否有序地执行英语听力学习计划，是否积极地推动英语听力训练，为下一环节的调节策略提供基础。

（3）调节策略

调节策略，是指学习者对自己的学习情况进行评估后，对自己的学习情况进行调节。调节策略是监控策略的反馈，对监控策略中发现的优点加以持续，存在的问题进行调节和修正，更好地促进学生学习的进步和学习目标的实现。比如，教师在听力教学过程中，如果发现学生的学习进度跟不上自己的讲授进度，要及时放缓；如果长时间的日常积累训练收效不如预期，教师应加强技巧训练，提醒学生格外注意时间、地点、原因、数字、说话者反复强调的、语气转变的、具有转折意义的词汇等信息，提高听力技巧和迅速分析、理解、判断的能力，并在日常的自我训练中不断实践、总结经验加以运用。

听力训练的根本是听的能力训练和英语思维的训练，为了提高学生的英语思维能力，教师平时应积极推荐学生阅读相关书籍，并监督学生的阅读情况，具体课堂教学中，为了让学生更好地适应考试听力、日常英语交流的速度和语调，教师可引导学生积极接触不同英语国家的英语发音，通过美剧、英剧、不同国家的新闻等来适应英语。总之，在元认知应用于大学英语听力教学过程中，教师要尽可能地引导、提供方法论，让学生吸收这些有益的指导和方法后，根据自己的学习评估监控情况进行相应调节，促进自身英语听力水平的提高。大学英语听力是大学生综合能力培养的重要组成部分。元认知策略是指学生对自己的认识过程及结果的有效监视及控制的策略，是一种典型的学习策略。采用元认知策略进行英语听力教学，对促进大学生的英语学习有效性的提升具有积极意义。

3.互动听力教学法

互动听力教学法指的是在教学中使学生根据所听材料进行互动和交流。这种教学方法是以一种模拟的方式进行练习，不仅能够提升学生的听力水平，对学生的语言交际能力的提升也大有裨益。具体来说，互动听力教学法主要包括以下两个方面的内容。

（1）听人说话时的互动。这种互动指的是学生两人或多人进行的互动练习，学生需要随时与听话人进行沟通，并根据听话人的反映及时调整说话内容，力图使听话人了解话语信息。

（2）听录音时的互动。这种互动指的是学生和录音材料间的互动。在这种互动过程中，教师需要发挥中介与桥梁的作用。具体来说，教师需要将听力材料分成不同的部分，每一部分结束，教师可以进行提问或请学生进行互动交流，从而使学生了解与掌握材料内容。

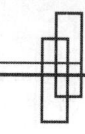

4.听力文化教学法

语言交际也是文化的交际，所以在听力教学中也有必要进行文化教学，这样才能使学生了解英语国家的相关文化背景，从而提高学生交际的有效程度。

（1）准备包含文化信息的听力材料

文化意识的提高离不开长期的接触与体验，因此在听力教学中，教师在选择听力材料时就应注意将文化与材料相结合，尽量选择一些带有文化信息的听力材料。

在文化教学之初，学生可能会对这些文化信息不了解，听力学习会有一定的困难。但是，随着文化教学的深入，以及学生文化知识的积累，学生在听力中就能较为容易地处理其中的文化信息，而这对于学生跨文化交际能力的提高大有裨益。

（2）补充相关的文化背景知识

在听力实践中，很多学生明明听明白了材料中的词句，但是在理解上总是出现问题。这很大程度上是由于学生缺乏相应的听力理解文化知识。因此，在听力教学中教授这方面的知识显得尤为重要。具体来说，教师在听力材料播放之前，可以给学生补充一些相关的文化背景知识。具体来说，主要包括以下几方面。

①文化语境知识。例如，英语习语、具有文化内涵的词语、英语国家的社会风俗和生活习惯等。

②情景语境知识。例如，物理环境、上下文语境知识等。

③语用知识。例如，英语的会话规则、会话风格、会话策略等。

5.听力自主学习法

听力教学并不单单指听力基础知识和技能的教授，同时需要学生进行自主学习。一定程度上来说，学生听力自主学习对听力水平的提高更为有效。具体来说，教师可以通过以下途径提高学生的自主学习能力。

（1）树立听力自主学习意识

传统的英语听力教学主要是通过教师、教材和学生的相互作用，进行三点一线的教学。在这种听力教学中，教学方式相对刻板，学生的主动性很难被激发。加之教学材料单一，因此很难满足学生听力实践的需要。在这种教学模式的影响下，学生的听力学习兴趣就会逐步降低。

听力理解的过程也是一个动态交际的过程，其中很多因素都会影响听力活动的进行。加之听力活动具有时间短、不可逆转的特点，就需要学生时刻集中注意力进行积极主动的听。传统英语课堂上被动、消极的听力活动是对课堂时间的浪费，也不利于学生语言能力的提高。

听力教学应该重视学生自主学习能力的培养，使学生具有自主学习的意识与能力，将听力学习的主动权留给学生。具体来说，学生听力自主学习意识的建立体现在以下几方面。

①能够制订自身的学习计划。

②能够订立明确的学习目标。

③能够在听力活动中选择和运用适合自己的学习方法。

④能够对自己的学习时间、地点、进度进行控制。

⑤能够对自身的学习成果进行客观评估。

（2）进行阶段听力自主学习

在传统听力教学中，学生对教师有着很大的依赖性，这种依赖心理从小学阶段便已形成。由于大学教学提倡学生摒弃之前学习阶段的依赖心理，对此很多学生会感到无所适从。鉴于我国学生的具体情况，进行听力自主学习也需要分阶段进行。

在大学四年的英语听力教学中，可以以大一、大二为一个阶段，侧重进行听力课堂教学基础知识的教授。

①教师应该结合教材重点向学生传授一些基本的英语读音规则，如连读、弱读、省音、音的同化等。

②由于文化在听力中的重要性，教师需要将不同的英语国家中人们发音的特点和习惯向学生进行介绍。

③教师应该就听力中涉及的技巧和方法向学生进行介绍，从而帮助学生夯实听力技巧。

④在授课过程中，教师要不失时机地向学生介绍自主学习的重要性和必要性，培养学生的感悟能力和独立思考的能力。

⑤在课下，教师可以布置一些听力作业，从而帮助学生扩大听力学习的范围和深度。

在大三、大四阶段，教师的听力教学应该将重点放在对学生的引导与规范上，侧重对学生自主学习能力的培养。具体来说，教师需要对学生的听力学习计划进行规范，并指出学生听力学习中不规范的地方，从而为学生的自主学习打下良好的基础。

（3）建立听力自主学习小组

听力是人与人之间的交际，因此并不适合独立、封闭的自我学习。建立听力自主学习小组，通过和同学展开合作，能够有效提升学生的交际能力与自主学习能力。

听力自主学习并不意味着教师可以完全放权，任由学生自己学习。在这个过程中，教师的指导地位更加重要，不仅要培养学生的自主学习意识与合作意识，同时要及时解答学生学习中遇到的问题。在具体教学中，教师可以布置一定的听力任务，划分不同的听力小组，使学生相互交流完成任务。听力自主学习小组的建立能够在一定程度上改变学生对教师的依赖心理，便于学生个人能力的提升。

（4）扩大听力自主教学手段

随着英语教学改革的推进，听力教学的形式与手段也得到了丰富，课堂教学已经不是教学的唯一形式。教师可以在教学工具的帮助下，不断丰富听力教学形式，并扩宽听力自主教学手段。例如：

①利用多媒体来丰富学生听力材料资源。

②利用电视、电影使学生接触更多英语本族语者的语言。

③进行校园英语广播。

④建立校园网，开阔学生视野，便于学生进行自主学习交流和资源共享。

⑤利用英语听力网站。

（5）改变教学中的教师角色

在听力自主学习中，教师发挥着重要的作用，他们不仅是学生听力教学的指导者，也是学生听力学习的帮助者。在这种教学模式中，教师改变了传统的"一言堂"方式，处于和学生平等的地位。

这种教师角色的转变需要教师以一种开放的教学思想武装自己，积极接受新的教学形式与教学手段，在教学中要勇于创新。

需要注意的是，学生听力自主学习的培养也是英语听力教学的一部分，因此教师应该使学生了解听力教学大纲的相关要求，从而规范学生自主学习的范畴，使学生的听力学习维持在正确的轨道上。

教师还是听力自主学习活动的设计者，这种活动不仅能够提高学生的听力学习兴趣，还能拉近师生关系，促进学生交际能力的提高。例如，听力竞赛、英语小品表演、英语主题角色扮演、英语角等。这些听力自主学习活动的建立需要教师进行相应的协调，是对教师活动能力和策划能力的考验。

总体来说，听力自主学习活动是我国英语人才培养的重要方式，也是英语教学改革的必要途径。这种教学不仅适应英语教学的规律，同时能在一定程度上缓解我国学生众多和师资力量不足之间的矛盾，提高教学的效率。

第二节　英语口语教学

一、英语口语教学综述

口语一直被认为是英语教学的重点之一，但是对于口语技能的本质及教学方法的认识在近几十年来经历了许多变化。20 世纪 70 年代以前，听说教学法和情景教学法把句型视为英语教学的核心。70 年代以后，交际能力概念的提出在教学大纲和教学方法方面带来了很大的变化，这些影响一直延续至今。交际能力理论带来的交际教学法、交际大纲、功能大纲、意念大纲及最近的任务型教学方法都对英语教学产生了巨大的影响。在交际教学法的影响下，流利性成为口语教学的主要目标。在培养学生流利性程度的过程中，教学活动可以充分利用信息差。在日常的交际活动中，两个或者多个人进行语言交际时只有部分人知道某方面的信息。因此，在交际性输出的活动中，也包含类似的信息差，只有在学生间或者学生与教师间形成信息差，才有可能展开真正的语言交际，否则课堂活动和练习就会成为机械的人为活动。口语能力要通过让学生参与真正交际活动来获得。交际策略是"当会话者在没有表达意义所需的语言结构时，试图就意义相互达成的协议"，它包括造词策略、替代词策略、释义策略、求助策略等，而交际策略和意义的协商被认为是发展口语能力的必备环节。

在交际教学法中，合作式教学法也受到高度重视。合作式教学法以学生为中心，采用以学生间的交流与合作为基础的教学模式，注重学生实际交际能力的培养。合作式教学法大量采用对话、小组讨论、角色扮演等课堂活动。与交际教学法中的其他方法相比，合作式教学法更加强调学生间的彼此依赖性和责任感，从而使每个学生始终处于积极的参与状态。荣辱与共、彼此依存、团队交际、相互交流活动和定期总结是合作式教学法最显著的特征。由于组内成员固定而且每个成员在活动中常常担负不同的角色或者任务，因此在采用合作式教学模式的课堂上，小组成员之间必须互相依赖，互相帮助，以共同协作的方式完成教师布置的学习任务。合作式教学模式被广泛地应用于课堂教学，尤其是外语教学中。研究表明，合作式教学法能为学习者创造一个轻松愉快的学习氛围。不仅可以体现教学的个性化，提高学生的学习兴趣和积极性，而且由于它注重了学生间的交流互动，非常有利于培养学生的语言交际能力。

交际教学法以培养学生的交际能力为目标，其影响一直持续到现在。但是20世纪90年代，在外语教学领域也出现了以提高语言水平为目标的教学思想。研究者根据不同的技能综合描述了不同的水平级别，并将其作为教学的依据。哈德利提出了以水平为目标的教学思想的五个基本原则：要给学生提供他们可能在目标语文化中遇到的各种语境中训练语言使用的机会；要给学生提供在目标语文化中与他人相处所必需的各种功能或者任务的练习机会；要给予学生多种形式的教学指导并提供评价性的反馈；教师的教学要针对学生的情感与认知需求，也要考虑学生的个性、喜好及学习方式；要采用各种方法促进学生对文化的理解，以便使学生养成对文化的敏感性。

全球化进程的不断发展使得英语成为一种国际语言，在此背景下，关于交际能力的概念也得到发展，成为跨文化能力。因为人们学习英语已经不仅是为了满足与英国人、美国人交往的需要，还要使用英语和来自于更多其他国家、更多文化背景的人进行交流。与此同时，应该更多地借鉴会话分析及语料库分析的研究成果。

总体而言，经过几十年理论与实践的发展，人们对口语教学基本上达成以下共识：口语是英语学习的基础；英语本族语人的用法和非英语本族语人的英语用法都应该在口语教学中得到考虑，课堂教学所使用的材料要以语料库的分析为基础；包括功能大纲在内的交际大纲是主要的教学依据；对于口语错误要有更高的容忍度，但是口语的流利性和准确性都是口语教学的基本目标；口语能力的获得依赖于学习者对于词汇短语和会话模式的掌握；要注意学生文化意识的培养；成对或者分组活动是口语课堂的主要活动形式。

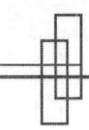

二、英语口语教学的理论基础

（一）口语表达的心理过程

口语表达在四项技能中属于产出型技能，是一种积极主动地表达思想的心理过程。桂诗春综合了国内外心理语言学关于语言产生研究的成果，比较全面地介绍了口语表达的心理过程。下面我们主要依据桂诗春的描述介绍口语表达的心理过程。

言语产生包括两个主要的阶段：制订计划和执行计划。说话者首先根据交际的目的制订说什么的计划，然后再执行所制订的计划。但是这两个阶段并不是截然分开的，在口语表达的过程中，说话者往往是先制订计划，然后在执行计划的同时制订新的计划。

1.制订计划

口语表达是一种目的性很强的活动，说话者总是要为了实现一定的交际目的，如获取信息、提出要求、作出指令、保持社会关系等，针对其具体的交际目的，说话者对所要使用的语言手段制订计划。在制订计划的过程中，说话者需要考虑以下因素。

①对听者的了解。说话者需要根据他对听者的了解及他与听者之间的关系确定使用哪一种语体。与关系密切的人讲话和与陌生人讲话所采用的语体有很大的差异。在谈话的过程中，有时还涉及第三方，怎样称呼第三方，也需要说话者根据他对听者的了解而确定，例如，可以把第三方称为"your son""that guy"等。

②现实的原则。说话者期望听者相信他们所谈到的事实、情况和状态都是可以理解并且合乎常理的。例如，"鳄鱼皮鞋"一定是指"用鳄鱼皮做的鞋子"或者"鳄鱼牌的鞋子"，而不是"给鳄鱼穿的鞋子"。现实的原则还可以帮助听者听辨具有歧义的句子。

③社会语境。听者在不同的语境中以不同的身份出现，说话者会根据听者身份的不同使用不同的语体。例如，两个人是好朋友，在单位又是上下级关系，那么他们在工作期间谈话所使用的语体往往要比下班后的谈话正式得多。另外，在不同的社会语境中说话者也会根据环境的不同，如在家里、在办公室或在学校等，选择不同的语体。

④供说话者使用的语言手段。有很多要表达的内容没有现成的说法，这就需要运用各种语言手段和非语言手段等把它们表达出来。另外，不同的交际方式也会影响到语言手段的使用。

制订计划可以在不同的层面上进行。根据语言的结构，计划的制订可以在语段计划和句子计划这两个层面上进行。

（1）语段计划

说话者必须首先确定他要参加什么样的话语活动，如讲故事、和别人对话、描述一个事件、争论一个观点等，不同的语篇具有不同的结构。一个故事需要包括时间、地点、人物、情节等不同的要素。而会话型的语篇需要解决参与会话的人怎样使他们的话语相互配合，以达到交际的目的。会话的过程涉及怎样开始一段会话，怎样进行讲话，怎样结束一段会话。要开始一段会话，说话者必须首先要引起听者的注意，并表达要进行会话的意图，从而构成一个召唤—回答序列。在这个序列里，召唤者首先提出会话的题目，如要结束一段会话，情况会比较复杂。说话者如果需要描述景物，就要解决以下问题：在什么层面上进行描述，然后对具体的景物细节进行描述。包含在一个主题下的内容很多，说话者还要确定哪些内容应该包括在描述的范围之内。内容确定之后，还要确定描述的次序，是由大到小，还是由小到大，是由左到右，还是由右到左，是由远及近，还是由近及远。最后，说话者还要确定被描述的各个部分是如何发生关系的。

不论是会话型还是独白型的语篇，语篇的结构都包括两种。一种是层次的结构。说话者必须根据说话的意图决定什么时候开始、如何进行、应该重点突出什么，在什么时候结束等。另一种是局部的结构。说话者还必须根据整体的层次结构，对句子进行计划，因为该怎样说往往是根据对方的语言来确定的。

（2）句子计划

在做句子的计划时，说话者需要考虑三个方面的问题：命题内容、言语行为和主题结构。

命题是意义单位，反映了说话者要表达的思想，是句子计划的核心。有时一个句子只包含一个命题。在决定了命题之后，说话者还要考虑这个命题是用来做什么的。"他很胖"是一个命题，但是可以用来实现不同的言语行为，例如：他很胖。（表示判断、描述、提供信息）他很胖吗？（询问，获得信息告诉你，他很胖啊）选择言语行为对语言交际来说至关重要，这在很大程度上取决于说话者要实现的交际目的。同一个言语行为还可以用不同的表达方法来实现。以上述命题为例，如果要询问，向别人获取信息，可以有多种不同的表达方法：他很胖吗？他是不是很胖？请告诉我，他是不是很胖？因此，在做句子的计划时，说话者需要考虑采用什么样的言语行为及用什么样的方式来实现这一言语行为。

句子的主题结构主要涉及两个方面的问题：一是主语和谓语的问题。主语是陈述的对象，说话者要说的东西。谓语是对主语的陈述，说明主语是什么或者干什么。在语言使用的心理过程中，主语是储存在记忆中的主体，而谓语则是关于这一主体的一个事实。二是已知信息和未知信息的问题。在一般情况下，已知信息在前，未知信息在后。

2.执行言语计划

在计划制订之后，语言的产生就进入了执行计划阶段，说话者会根据前面的计划，通过发音器官发出表示句子和语篇内容的声音。表面看来，执行计划无非就是将言语计划付诸实施，似乎非常简单。其实不然，言语计划的执行要比我们想象的要复杂得多。因为人们在执行计划前往往不只是把言语计划全部都制订好，另外，计划人还需要根据计划编制一个发音程序，储存在记忆里，让控制发音器官的肌肉按部就班地活动，才能发出预期的声音。

言语的产生涉及人脑怎样指挥发音器官的肌肉去发出有意义的声音。从现有的心理语言学研究成果来看，发音程序是在不同的层面上计划和形成的。

①发音程序的单位可能是语音的区分性特征、音段、音节、单词及更大的句子成分。

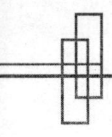

②发音程序的五个重要步骤：第一步，选择意义，决定所采用的句子成分应当具有的意义。第二步，选择句子的轮廓，对句子的形式和句子的重音作出规定。第三步，选择实义词并放入句型里面。第四步，构成词缀和功能词。实义词确定之后就要提出功能词的语音形式，提出前缀和后缀。第五步，音段的具体化，一个音节、一个音节地把音段完全实现。

③言语计划的执行是在一定时间内进行的，因此发音程序不但要规定音段和音段的次序，还要规定它们的时间和节奏。英语是一种节奏感很强的语言，重读的作用十分明显。另外，人们讲话太快时，就必须决定哪些音段予以保留，哪些予以省略。

④最后一步是把发音程序付诸实施。发音程序是边编制边储存在记忆里，一旦程序编制完成，大脑就根据程序对发音器官发出指令，规定发音器官应该放在什么位置，怎样协调行动，才能发出某个音段。

（二）影响说的因素

根据口语产生的心理过程，我们可以看出影响说的因素主要包括心理因素、文化因素、语言因素和背景知识因素四个方面。

1.心理因素

口语表达是一个非常复杂的心理过程，要想使这一过程顺利高效地完成，需要说话者处于轻松的、精力集中的心理状态下。紧张、恐惧、焦虑等不良情绪都会影响到口语产生过程的正常进行。

2.文化因素

语言是交际的工具，同时语言的使用也是一种社会的规约。在不同的文化中，人们在什么时间、什么地点、向什么人、用什么样的方式、讲什么样的话都有固定的规则习惯，外语学习者需要学习并掌握这些规则才能有效地使用语言进行交际。

3.语言因素

语言是由语音、词汇、短语、句子和语篇构成的，足够的语言知识是口语表达的基础。尤其是要掌握一些常用的习语和句型。每种语言都有一定数量的习语和基本句型，它们往往是一些常用的具有特定意义的句子、短语甚至单词，学习者要对它们熟记，而不必进行语法分析，这样可以在使用的时候张口就来，提高口语的流利程度。

4.背景知识因素

在听力教学部分，学生知识面的宽窄直接影响他们听力理解的能力，学生熟悉的内容听起来会更加容易。同样，背景知识也会影响到学生的口语表达。口语交际要做到言之有物，要求学生必须具备相关的知识。

（三）会话结构

口语表达能力主要指参与会话的能力，因此会话结构分析对于口语教学具有重要的指导意义。对于会话结构的研究可以从两方面入手：一是从整体上看一个完整的会话过程是怎样构成的，即会话是怎样发展的，这是对会话整体结构的研究。二是研究会话的局部结

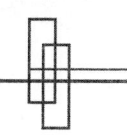

构，一次会话活动是由参加者一次接一次的发言所构成的，一个参加者的发言和另一个参加者的发言之间有什么联系，如何构成连贯的话语，是会话的局部结构所要解决的问题。

（四）英语口语的语言特点

语言有口语和书面语两种表现形式。口语是语言存在的最基本形式，是第一性的，也是语言最活跃、最富有生命力的表现形式。口语与书面语之间具有许多共同之处。这些特点在语音、词汇、句法、语篇等各个层次均有所体现。

口语的特点首先表现在它是有声的，它主要作用于人的听觉系统，依靠语音的变化来表达意义，口语的重音、节奏、语速、语调等都可以表达丰富的意义。一个句子中一般有一个和多个调核。所谓调核就是指一个语调组中说话者所要表达的最重要单词的重读音节，它一般充当句子的信息中心。调核位置的调整是一种常用的有效表达感情意义的手段。

三、大学英语口语教学的现状及问题对策

目前大学英语口语教学相较之前已经得到了更多的关注，不管是学生、教师或者学校都很注重培养口语实战能力，但是也仍然存在一定的问题，不容小视。

（一）大学英语口语教学现状

1.学校对于非语言类专业口语教学的重视程度不够

许多学校对于大学英语口语教学的课程设置、课时分配及班容设计方面都没有足够的重视。在课程设置和课时分配方面，很多学校对于非语言专业的学生都没有开设单独的口语课程，而是把这一部分设置成听力课程的口语练习来进行。课时分配不够充足，无法满足学生的口语课堂练习需求，教师也只能在有限的课时内放弃一些很有实践意义的小组活动而进行一些简单训练。另外，对于非语言专业的学生，通常大学英语课的班容比较大。大班授课既无法让教师照顾到每一位同学的口语练习情况，也无法为每位同学都提供充分的开口练的机会，教学效果不是很理想。

2.教学模式和师资力量有待进一步提高

目前大学英语教学模式尽管已经提高了学生的参与度，但总体上还是采取以教师为中心的教学模式进行，这也是受到传统应试教育理念和模式影响的结果。在口语教学中，学生仍然一定程度上处于被动接受的状态，不能够积极主动地参与教学活动，有的时候甚至是教师在唱独角戏，无法真正使学生的口语水平得到提高。

很多学校的大学英语口语教学主要还是由中教进行授课，而没有配备外教，只有少数的中外合作专业会有外教进行授课。虽然中教教师很多也都到国外进修学习，但是与外教相比，语言使用的灵活性和地道性不可避免地还有一定差距。这种传统教学模式和师资力量的匮乏在一些经济欠发达的偏远地区尤为明显。

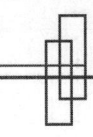

3.学生本身的主客观因素对口语教学效果的影响较大

大学口语教学的对象是来自全国各地的学生，而各地区的英语教学水平存在着很大的差异。有些地区在基础教育阶段就非常重视学生口语能力的培养，整体上学生们的语音、语调、语言的使用都比较规范，综合表达能力较强。而有些地区很少注重语言运用能力的培养，学生们听说方面的能力普遍比较薄弱，导致来自这些生源地的学生与其他地区差距较大，这一客观原因导致这些学生主观上很不自信，课堂上比较被动，有的学生甚至很排斥，不愿意开口进行口语训练。

另外一个重要的主观因素是性格差异。有些外向的同学总是积极主动地在课堂上发言，争取更多的口语锻炼机会，而有些性格内向或者不自信的同学总是担心出错而不愿意开口，课堂上很被动，口语训练强度不够，学习的积极性也不足。长此以往，两极分化就比较明显。同时学生们的应试心理导致他们只利用有限的课堂时间进行训练，没有充分进行课后训练和复习巩固，对于口语教学这样的实践性比较强的课程来说，这样的练习强度是肯定不够的。如何缩小两极分化，充分调动学生的学习积极性，提高整体教学效果也是目前大学英语口语教学所面临的亟待解决的问题。此外，中西文化和语言思维的差异也导致学生们在交流时用错语境，词不达意，交流不畅。

针对如何改变与解决大学英语口语教学的这些现状和问题，真正提高口语教学的教学质量和效果，就对口语教学提出了新的挑战。因此，对大学英语口语教学的教学策略方法进行一定的改变和调整势在必行，且有着重要的现实意义。

（二）大学英语口语教学的教学对策

1.课堂以教师引导为主线，学生训练为主体

目前有些口语课堂学生们很被动地进行口语训练，导致教师为了推动课堂内容的顺利开展，不得不花费大量时间来引导和鼓励学生们开口，最后口语课变成了教师们的口语课，学生却变成了局外人。也有的教师过于注重理论知识，忽略了训练，导致口语课最后又变成了语法课或者听力课。类似情况并不少见，尤其当授课对象是那些语言基础不扎实的学生的时候。

在理想的大学英语口语课堂中，教师应当扮演听众的角色，适当地进行引导和点评。以学生的实际口语操练为主体，结合"课堂讨论教学法""情境教学法""交际教学法"等相结合的方法，组织学生进行配对讨论、小组讨论、角色扮演、辩论、演讲、小组游戏等活动，鼓励学生之间、师生之间的交流互动，培养语言能力与交际能力。同时还要注意不同阶段学生的层次水平，避免两极分化。因此，在大学英语口语教学的授课过程中，要帮助教师和学生两方面都建立起"口语课堂要以学生的实际操作为主体，教师引导为主线"这样的理念，才能逐渐从根本上做到翻转课堂，学生们能够学有所获。

2.课堂活动与课前调研和课后训练相结合，借课外资源和活动丰富课堂活动

大学英语口语教学的关注点不能仅限于课堂教学活动，还应该充分与课前资料查阅以及课后口语训练相结合，只有这样才能帮助学生形成一个连贯的自我学习习惯，而不是一

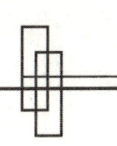

味地等待教师的填鸭式课堂，充分调动学生的学习主动性。这就要求教师应提前就课堂所涉及的内容和活动形式对学生进行预告，学生可以根据教师的要求或者自觉地对课堂主题进行相关的资料查阅，准备相关词汇、表达及背景知识。这些准备会帮助学生们在课堂上有的放矢，言之有物，同时找到成就感。除了能够流利清晰地表达自己，还能够进一步深入地对问题进行探讨和思考，尤其是有关政治、经济、文化等社会时事热点问题。课后的口语训练部分也不容小视。该部分训练作为课堂内容的有力补充，既对课堂内容进行巩固和加强训练，还可以引发学生进一步思考，培养综合素质。

课外活动的丰富性和多样化能够有效地缓解课堂训练在课时部分的紧张，课堂可操作性的局限，以及课堂形式的单调。学生们可以充分利用各种课外资源来巩固和拓展自己的口语综合实力，比如模仿原版电影的某个桥段，这样的活动既为语言学习提供了真实地道的语言资料，又进行了文化输入，同时还减轻了学生们的学习焦虑感。参加英语角、英语演讲或者脱口秀等活动都可以使课外活动成为课堂口语教学的实践、补充和发展。

3.建立伙伴学习机制，结合现代化教育技术手段，进行形成性评估

伙伴学习机制的建立可以加强学生之间的相互督促和学习，帮助教师及时掌握学生的学习效果，也能够把课堂内的学习有效地落实到课后训练当中。学习伙伴之间的你追我赶，可以更好地调动和激发学习热情。小组活动既可以锻炼学生的团队精神，同时伙伴之间明确分工，互相激励，互相制约，有助于提高教学质量。

信息化时代下的大学英语口语教学应充分结合现代化的教学软件和平台，开展口语训练自主学习第二课堂，拓展学习途径，巩固教学效果。比如一些口语自主训练学习平台软件可以帮助学生在没有教师的帮助和监督下，选择一些学生感兴趣的学习资料，并通过人机对话的方式来不断地练习纠正语音语调、常犯的语言错误等等。这样的学习平台非常便捷，既可以帮助学生在一个轻松自在的环境中不用再顾及面子问题，反复大胆地训练，不断提高，同时也让学生在有自信开口讲的同时，客观地了解自己的问题，并不断改进。

另外，传统的终结性评价只能总结学生一部分的课程表现，并不能够全面客观地评估学生的学习过程、学习态度及学习效果等多方面的表现。而形成性评估可以采取教师评价、自我评价、学生互评等灵活多样的方式，对学生的课堂表现、课前准备、课后练习效果、小组活动、测验、作业完成情况等多方面进行全面评估，有助于学生的表现进行客观评价，同时帮助学生养成持之以恒的良好学习习惯，而不是总抱着临时抱佛脚的心态来应付口语学习，能够起到稳步提高教学效果的功效。

随着社会对口语应用能力要求的不断提高，大学英语口语教学的改革也势在必行，以适应人才市场的需要。针对目前口语教学的现状，在教学实践中可将多种教学方法有机结合，灵活运用，扬长避短，充分发挥学校、教师和学生三方面的积极性，以求达到最佳的口语教学效果，从而整体上提高学生的口语交际能力。

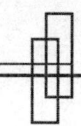

四、现代大学英语口语教学的原则

教师在培养学生英语口语能力的教学中遵守相关的原则，一方面可以指导教学；另一方面也会促进教学质量的提高。

（一）习得原则

人们在学习和应用第二语言时有两个全然不同的过程：一是学习者通过潜意识去理解和模仿第二语言的语法规则，学习掌握第二语言的词语语义，逐步提高自己的语言能力，这个过程就是语言学理论中所指的语言习得过程；二是学习者有意识地去学习理解第二语言中一些对自己较为陌生的语言现象，形成某种定式或概念，这个过程是语言学理论中所指的语言学习过程。虽然克拉申的理论是针对二语习得而言，但对于将英语视为主要外语的中国仍然有它积极的借鉴和指导意义。如果我们能将习得方式用于平时的学习方式，将两者有机地结合，建立自然环境，就有可能在有意识的理智研究下去轻松地掌握英语。

一些学生往往花费了大量的时间精力，把自己封闭起来学习英语，去研究它的框架原则，或去研究它的只言片语，这恰恰忽略了英语习得的重要性，忽略了英语学习环境的重要性。学生脱离了与外界的交际实践，片面强调了单词或句法的重要性，忽视了语言整体的认知，没有意识到语言作为操作体系，必须符合它的自然习惯要求的重要性。成功的大学英语应该将学习和习得充分结合起来，用自然鲜活的语料去激活普通语法，在外语习得的合适环境中，让学习者充分认知语言的实际意义。

英语口语教学中，不以操作某种无意义或意义不大的语言形式、语言现象为中心，而以学习材料内容为中心，进行师生互动或生生互动，使课堂上的学习近似于语言自然习得。学生通过多参与、多体验，在交际活动中使用英语，而不是单纯训练语言技能和学习语言知识。教师应创造机会让学生进行亲自情景体验，在体验中自然学习和习得。

（二）输入原则

根据克拉申的语言习得理论，当学习者接触到新的语言材料时，他们就会自动，调动学习的积极性，在现有水平和相关语境的帮助下，理解其中所含的内容。这样，输入成为"可理解输入"并且被学习者获得，学习者的语言水平就会提高。因此，克拉申的输入理论认为输入是语言学习的根本途径，是语言习得的关键和必要条件。学生掌握语言必须通过"可理解输入"，而不是随意语料的输入。学习者需要有一定超出个人的现有水平且可被理解的语言量的输入，经过自己的内化然后生成自己的语言，最后达到一定量的输出。在英语课堂上，教师应尽可能大容量地给学生输入，这样，师生之间形成一个知识位差，这种位差迫使学生思考揣摩然后把英语内化成为自己能够掌握运用的语言。

在具体的口语教学中，教师要提供给学生最佳的输入，可以从以下几方面入手：

1.设计特定的话题或情景。例如，如何到商店买东西、在饭店里点菜、暑假里都做些什么等。教师应该确保学生了解活动的内容及活动的重点，否则学生无法参与活动；保证活动的内容是可理解的输入，而不是教学生某个语言结构，否则就不能真正地进行语言交

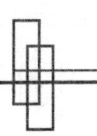

际，就会妨碍语言的习得。

2.提供便于理解的手段。英语教师应给学生提供附加的语言支持。比如，一定的语境就可以提供附加的语言支持，帮助学生了解说话人的思路，并理解高于其水平的语言。好的视觉材料可以帮助学生理解语言，促进学生的语言习得。在某种程度上，讨论的话题应该是学生熟悉的，有助于学生猜测其意思，即利用已有的知识达到对语言的理解。

3.适当调节活动内容的语言难度。如果在口语活动中，遇到的新词新的表达结构过多，学生会把大量的精力和时间放在翻译和理解上，无暇顾及话题讨论，不利于口语的习得。口语课的语言材料不应给学生造成理解上的困难新出现的语言现象也不能太多。教师不能照本宣科，要在课前精心准备话题，引导学生在模拟典型的生活情境中练习。课堂上要给学生提供足够的机会，在真实的环境中使用语言。事实上，运用外语的流畅程度不是通过学习语言规则来达到的，而是靠在具有大量的、合适的输入语的环境中慢慢地形成的。没有足够的输入，怎么能够输出，对话的兴趣自然很快就没有了。输入的力量是巨大的。专注、一贯、大剂量的输入一定能够产生良好的输出。

（三）语境原则

语言使用的目的是为了在各种不同的语境中传递信息，所以语言教学必须在有意义的语言环境中进行。通过研究发现，外在语言环境对语言习得起着重要作用，它能激活语言习得机制，使之发挥作用。接触语言是正常语言发展的前提条件。而在我国，外语教学通常是在缺乏真实交际语境的课堂中进行的，口语教学也是如此。因此，要求教师在课堂上创设富有意义的课堂教学环境、为学生创造理想的语言习得环境，注重语言在使用中的意义注重真实的语言交际情境，这对英语口语教学具有实在意义，当然也意味着更大的挑战。

学生不能用地道的英语进行流利的交谈，一个原因就是教师没有给学生创造足够的语言环境。从教学的角度讲，要培养学生的交际能力，教师就要为学生创造英语语言环境，多方位、深层次地贴近自然语言氛围，提供语言实践的条件和机会，以教学环境和学习者的实际为准则，以语言文化基础为根本目标。

在我国现有的条件下，英语口语教学要设法为学生提供尽可能真实的英语交际情景。真实的交际是指在实际生活或工作时使用英语的情景，要求有交际的需要和内容及真实的语言。那么大学英语课堂教学就应为学生营造出积极的英语学习环境，有利于培养语言习惯的环境，让学生心理向以英语为母语的群体走近。在这样的学习环境中，学生可以获得更多的直接使用英语的空间和时间，进行有意义的直接主动的交际，并且教师要激励学生运用已知的语法体系和词汇积累去自发解决问题，完成任务。

模拟的话题应是学生熟悉和关心的，这有利于创造真实的情景和语境，并且能够保证每个学生都能积极参与。只有在一定的语境中，枯燥无味的单词、句子才能活起来。因此通过在真实语境中的信息传递，就把书本中、练习中的语言变成了生活中真实的语言。教师在具体的环境中，可以建构具体的、各具特色的口语语境。另外，除了课堂内建构口语

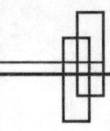

学习语境，教师还要重视课外的学习语境。这不但有助于培养学生学习的兴趣，促进师生间的互动和交流，还会有助于提高学生的口语交际能力。

（四）纠错原则

许多教师都非常关心学生的语言错误，而且的确许多接受错误纠正的学生在语言的输出中达到了较高的准确性。教师只有认识错误，才能正确处理好纠错问题。语言失误和语言偏误是语言学习过程中两种不同的现象。语言失误指一种运用错误，或是随意的猜测或是口误，是对已知系统的错误表现。它与语言能力没有关系，是每个人都可能在说母语或目的语时失误。当给予足够的重视或被质疑时，可以自行改正。语言偏误不同，它与语言能力直接有关，是由于缺乏目标语的知识导致的。不论多么关注，语言偏误都无法被自行改正。按照考德的解释，失误与语言运用相关，是非系统性的；偏误与乔姆斯基所说的语言能力有关，是系统性的。失误是学习者在偶然情况下产生的，如遗忘、疲劳、心理原因等，母语使用者也会产生这种情况。描述这种失误对语言习得的研究没有意义。偏误反映了学习者习得过程的必要组成部分，反映了学习者积极验证假设，可以作为观察学习者语言习得过程的窗口。因此，忽略某些不影响理解的局部错误，有利于保护学习者尝试假设、敢于冒险的积极性。

纠错要讲究方式方法。从教师的角度讲，有直接纠正和间接纠正。直接纠正是教师常用的一种方法。教师一发现错误就打断学生，教师重复正确的说法，学生再依次重复教师的说法。这种直接纠正的方法比较适合机械操练阶段。第二种是含蓄纠正，对于学生的错误，教师不指出，而是若无其事继续发问，在以后的教学过程中逐步地修正。纠错还可以从另外一个角度划分。错误可以由教师来纠正，由学生纠正，也可由出错的同学自己纠正。在实际的教学中，还要具体问题具体分析。首先，教师要分析错误的性质，带共性的错误可以在课上集中纠正。比如教师用不同的形式反复不断地重复正确的表达形式，学生就会意识到他们自己所说的与听到的不同，把错误纠正过来。个别的错误问题，教师可根据学生的心理接受能力，在课上指出或课下商讨，避免伤及学生的自尊心。教师也可采用让学生自我纠正的方法。它包括两个阶段：第一步是在教师的启发引导下认识自己的错误，第二步是学生认识到错误后自己纠正。这种纠错技巧有两个优点：一是教师的提示给学生一次反思语言错误的机会，并且更能关注语言的结构方式；二是学生在为自己纠错时，可以培养和提高自己的语言能力和语言创造能力。如果犯错的学生不能自我纠正，那么教师在给出正确答案之前，可以先请班里其他同学帮助他，让全班同学都参加进来，效果会比教师自己解释更好，这也叫集体纠正。

在实际教学活动中，教师应注意以下几点：第一，避免过多纠正学生交际过程中出现的错误。学生本质上是担心自己的语言表达不规范，担心给别人留下不好的印象。如果教师反复纠错，容易造成学生的心理负担和压力。如果学生怕犯错误，怕人笑话，就会采取"防卫式"的学习态度，不敢大胆张口，不敢参与课堂活动。即使在口语交流中，也不会注意自己想表达的内容，而是考虑说的话有无语法错误，久而久之，会使学生感到课堂教学很压抑，思想极为紧张。在这种情况下，学生是无法掌握好语言信息的。因此，对一些不影响交际和理解的错误，教师应采取宽容的态度。对于影响交际和理解的错误，教师可利用前面介绍的方法，视具体情况加以引导。第二，当学生出现语言错误时，教师要不厌其烦地耐心指导，切忌挖苦讽刺，挫伤学生的学习积极性，伤害学生的自尊心和脆弱的外语学习情感。适当的赞扬和鼓励会使学生尽最大的努力。否则，教师的不当行为将可能直接导致学习者语言学习的提早失败。

人类本质中最殷切的需求是渴望被肯定。在每个学生的心灵深处，都隐藏着一颗进取心。任何学生都渴望进步，渴望受到尊重。如果教师能让学生从积极的角度体验到自身点滴的进步，享受到成功的快乐，那么这种胜利的喜悦便会化作积极进取的激情，驱使他们克服前进道路上的困难，增强学习成功的自信。第三，不管是学习新知识还是纠正错误，结合一定的语言环境都是较为理想的方式。这不但可以引起学生足够的注意，而且可以加深对知识的理解，促进学生知识的内化。

（五）分阶段原则

语言技能的掌握是一个不断运用从而提高的过程。即使学了不少东西，不运用也会很快遗忘。因此，一般把语言技能的训练分为技能学习和技能实践两个阶段。只有经过两个阶段的训练，才可能在真实的交际情境中自如地运用学到的东西。内化理论认为，语言学习既不是纯粹的知识原理性学习，只要知道了、明白了、理解了就可以灵活应用；也不是纯粹的技能技巧学习，只要加大练习程度，就可以熟练掌握。语言学习是一个认知与感知相互结合、生理与心理相互交融、有意与无意相互补充学得与习得相互交错、脑力与体力相互调节的漫长的内化过程。这个过程就是对听到的看到的目的语进行加工、消化吸收、沉淀、转化的过程，最后达到对目的语的智能化的、自动化的控制运用状态。

技能学习就是把书上的东西搬到头脑里。最原始的方法是把一些句子背熟，但此方法比较枯燥无味，日后容易忘记。例如很多口语书中都包含功能意念的部分，有很多与特定场合气氛相应的特定句型。这些句型一般都很短，但是很实用地道，可以用来表达建议请求、赞美约会、祝愿、同情、道别等不同的要求和情感。比如 "It's really a pleasure to have you here. Here's to your success." 从视觉角度讲，这些表达方式对大部分学生来说，都是轻而易举的事。可是看得懂，并不等于说得灵活、地道。即使有一些学生可以把这些书本中的东西搬到脑袋里，但如果不通过大量真实、自然的情景练习，仍旧不能熟练地掌握。可以说，句型是在大脑中建立的语境，学生不但要在脑海中储备足够的句型，还要具备灵活调用的能力。因此，在熟记了一些基本句式后，就要想方设法去运用，并且尽量用不同的句式来表达同一功能。可以说，在模拟训练中做得越多，在真实的交际情景中越容易自然地使用学得的东西。有很多学生不注重口语能力培养的两个阶段。一些学生认为口语基本技能的学习缺少创造性，不愿意反复诵读句型和对话；一些同学只局限于对口语基本技能的学习，不加以大量的实践，认为只要记住了就意味着学会了。这都会影响到口语表达能力的发展，影响到口语的流利与准确。

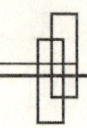

五、现代大学英语口语教学策略及实践

（一）任务型教学策略的应用

任务型教学在大学英语口语教学中的操作可分为呈现任务、实施任务、汇报任务、评价任务四个步骤。

1.呈现任务

本阶段的主要任务是帮助学生做语言和知识上的准备工作。呈现任务时，教师可结合学生的实际生活和学习经验，创设与学生学习或生活相关的情境，激发学生的学习兴趣。另外，教师还要为学生提供与话题有关的环境及思维的方向，以加强新旧知识之间的连接，使学生在巩固旧知识的同时，也掌握了新知识。需要注意的是，呈现任务时要遵循先输入、后输出的原则。

2.实施任务

实施任务在整个教学过程中是极为重要的一个阶段。学生在接到任务以后可以采取多种方式实施任务，如小组自由组合的方式、结对子的方式。小组自由组合或结对子的方式不仅可以为每个学生的口语表达提供练习机会，还有助于培养学生合作互助的意识，增进学习的效果。此外，实施任务时，也可以通过由教师设计多个小任务构成任务链的方式进行。本阶段中教师的主要任务是监督和指导学生的活动，保证活动顺利有效地开展。

3.汇报任务

学生完成任务以后，教师可要求各小组派代表或者小组内部推选代表向全班汇报任务成果。当学生汇报任务时，教师应注意不要打断学生的表达，在学生需要帮助的时候适当给予指导，尽量使学生的汇报自然、流畅、准确。

4.评价任务

在任务汇报结束后，教师和同学们一起对任务进行评价，分别指出各个小组的优点和不足。评价时应注意对学生的活动情况尽量持肯定态度，以鼓励、表扬为主，增强学生的成就感，从而提高学生的自信心。当然，如果学生在表达中出现比较严重的影响交际的错误时，教师也应及时指出和纠正，正确引导学生。

总的来说，在大学英语口语教学中采用任务型教学法可以大大调动学生的积极性，增强学生的合作竞争意识，提高学生的口语水平，适应教学改革的要求。

（二）情境教学策略的应用

情境教学法是指在教学过程中，教师有目的地引入或创设具有一定情绪色彩的、以形象为主体的生动具体的场景，以引起学生一定的态度体验，从而帮助学生理解教材，并使学生的心理机能得到发展的教学方法。

情境教学法的形式有很多种，如配音、角色扮演、课内游戏、诗歌朗诵、音乐欣赏、旅游观光等。其中，最常用的是角色扮演和配音。下面就重点介绍这两种教学形式。

1.角色扮演

角色扮演是情境教学法最为主要的教学手段。与机械、单调重复的口语练习不同，角

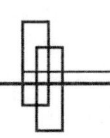

色扮演使学生接触到不同的社会交际场景，让他们以不同的社会身份来进行交际练习，这不仅激发了学生的学习兴趣，还为交流的有效进行打下了基础。具体而言，教师可以让学生自己进行角色分工，在排练过程中教师可以适时给予指导，当学生排练结束后，让学生进行表演。表演完毕后，教师可先引导学生就语言运用、表演技巧等方面发表自己的观点与看法，最后教师对学生的表演作出评价。

2.配音

这一教学形式操作比较容易，具体实施过程包括以下四个环节：

（1）教师节选一部电影片段，先将原声对白播放一遍。

（2）教师讲解其中的语言难点。

（3）教师安排学生重新听两遍原声，同时要求学生尽可能会背诵。

（4）教师将电影调至无声状态，并让学生模仿电影中的角色，为电影配音。

利用这种方式进行口语教学，不仅激发了学生的学习动机，缓解了学生说英语时的焦虑感，提高了学生的自信，而且能使学生学到纯正的英语口语，并掌握针对不同情境变换语音语调的技巧。

总之，在大学英语口语课堂上，教师应尽可能为学生营造出各种真实的语言情境，使语言与情境紧密结合，从而使抽象的语言教学形象化、具体化、情境化，这既能调动学生学习的积极性与主动性，又能促进学生掌握运用英语进行交际的能力。需要注意的是，教师在为学生创设情境时一方面要保证情境主题的真实性；另一方面还应确保所选择的情境与教学目标保持一致。

（三）互动教学策略的应用

互动教学法具有显著的特点：强调学生的主体性、教学组织方式多样，能够有效利用课堂时间向学生传授语言知识。在英语口语教学中，如果互动式教学法运用恰当，就能有效激发学生的兴趣，打破"哑巴英语"的现象，帮助提高学生的口语表达水平，从而提高英语口语教学效率。教学改革背景下，大学英语口语教学中采用互动教学法意义重大。

具体而言，互动教学法在大学英语口语课堂教学中的操作包含课前、课中、课后三个阶段的活动。

1.课前

课前充分而周密的备课是教师的必要工作，尤其是与客体有关的口语会话材料的准备十分必要。这些材料应分给学生每人一份。做口语练习会用到的词汇、短语也为学生准备一份。这样，语言材料可以丰富学生的口语表达，帮助学生积累表达素材，避免学生处于被动状态。

2.课中

在英语口语课堂教学中，教师可将本课的会话情境介绍给学生，然后让学生独立思考并联想与该情境相关的词汇、短语。然后，教师将可能用到的词汇和短语呈现在黑板或PPT上，选出一个词语让学生判断和解释其意思。当该学生解释完毕之后，教师可让其他

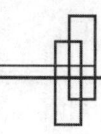

学生对已给出的信息进行扩展。在解释和扩展的过程中，学生的英语口语表达能力得到了培养与提高。

3.课后

课堂教学完毕后，教师可给学生布置一些特定的话题或情境，让学生在课后进行口语练习。需要注意的是，教师所布置的话题或情境要与课堂内容相关，以使学生课堂上学到的表达能力得到巩固。在下节课教授新内容之前，教师可花一些时间检查学生的课外练习情况。这样不仅为学生提供表现的机会，调动学生学习的积极性与主动性，还可以通过反复地巩固、使用促进学生口语水平的提高。

（四）基于交际策略的教学法

根据普利斯的观点，交际策略是指"当某语言使用者在话语计划阶段，由于自身语言方面的不足而无法表达其想表达思想时所采取的策略"。在交际过程中，为克服因语言能力不足而导致交际困难，交际者使用语言或非语言手段的能力即为交际策略能力。

口语交际活动往往不可预测，因此交际过程中遇到尴尬局面是难免的，这就要求交际者具备一定的交际策略能力，以便在需要时借助交际策略来解决遇到的困难，促使交际顺利进行。策略能力包括两个方面：一是发生困难时使对方理解自己讲话内容的能力，这一能力被称为"补偿能力"；二是在发生理解困难时获取意义的能力，这一能力被称为"协商能力"。

补偿能力主要包括如下几方面：

（1）使用会话填补词。在交际过程中，有时交际者可能会一时想不出想使用的语言，这时可适当运用一些填补词，如"and you see." "Er, that's a very interesting question..." "Well..., let me think..."等，边说边思考，控制说话节奏，确保讲话连贯。

（2）使用同义词或类别词。在交际过程中，如果交际者缺乏关于某一话题的词汇，可采用自己熟悉的同义词来代替，如用"dark"来代替"gloomy"。

（3）使用肢体语言。在交际过程中，交际者也可适当借助肢体语言来表达自己的观点与看法，保证交际顺利进行。

协商能力主要是指澄清信号。在交际过程中，如果听话人没有完全理解讲话人的语言，或没能听清讲话人的意思，这时听话人可请求重复，或直接要求讲话人加以解释，如"Pardon？" "What do you mean by saying...？" "What does... mean？"等。通过运用这一交际策略，交际者可将自己的意思清晰地传达出来，使交际渠道畅通，从而使交际顺利开展。

在大学英语口语教学过程中，教师应注意向学生介绍一些交际策略，使学生了解语言规则和交际规则，提高英语口语交际能力，在交际过程中更好地让自己的讲话内容被对方所理解，并更好地理解对方的语言，提高和改善跨文化交际效果。

（五）借助微信辅助的大学英语口语教学策略

1.布置课前预习作业

教师进行英语口语教学时，可以根据教学内容将口语知识点进行分层，将常用口语、中等难度口语作为课前预习作业，利用微信构建讨论组，将预习作业下发。同时借助微信对预习效果进行抽查，使学生在教师帮助下养成良好的学习习惯，为课堂口语教学的顺利开展奠定基础。例如，某英语教师结合课程教学难度，将课程词汇用法较少、句式较为简单的内容作为预习作业。教师利用微信组建讨论组，在口语课前一天晚上六点半，以图片形式上传至讨论组中，由学生根据图片内容自主完成课程预习。在学生自主预习的过程中，学生可以对较难知识点进行标注，在教师正式授课过程中，学生可以有目的地进行学习，有效提升课堂学习效果。该校教师留给学生两个小时的时间进行预习，在晚上8点准时对学生预习效果进行检查。教师利用微信的语音功能发送课程问题，被点名学生拥有10秒时间进行作答，同样利用语音进行回复。所提问的问题可以是词汇含义，也可以是简单的语句练习，全程教师都是用英语进行提问，有效锻炼学生的听力能力。该校教师将抽查时间控制在15~20分钟，避免抽查时间过长，引起学生反感。在完成抽查任务后，学生可以在讨论组或以私聊的方式向教师咨询课程问题。教师在回答问题的过程中，记录下比较难的知识点问题，在次日课堂上进行再次强调，借此提升课堂教学效果。

2.拓宽口语学习渠道

传统口语课堂练习，教师通常会根据课程知识点设计场景供学生练习，学生的参与热情较低。通过口语课堂教学，可以拓宽学生的口语学习渠道，使学生的学习兴趣得到有效激发，进而延长学生对口语知识点的记忆时间。例如，某高校教师进行口语词汇讲解时，根据该知识点的主要应用场景，在网络上找寻课程相关的电影视频，将该片段进行截取，上传至讨论组当中，班级学生划分若干小组，每个小组挑选不同的口语片段。在教师完成常规课程教学后，由小组成员上台进行电影片段演绎，在表演结束后，由教师对表演内容进行客观评价，指出学生口语表达存在的优点和不足，使学生可以有针对性地进行改进，使自身的口语水平逐步提高。该校教师利用微信游戏、公众号、讨论区等传播途径，在完成口语教学后，可以提示学生在游戏娱乐的过程中，注意人物间对话，使学生能够进一步加深视觉记忆，提高大学生的口语应用能力。

3.丰富课堂教学模式

在互联网背景下，学生获取知识的途径不再单一，可以利用视频、图片、音频等方式进行课程学习。因此，教师可以充分利用网络的便捷性，将课程知识点融入视频或音频当中，将内容上传到微信讨论组当中，学生可以在群组中自主下载，以弥补学生上课分神，错过重要知识点的学习。并且在日常生活中，教师可以在微信中与学生讨论一些奇闻趣事，增加师生之间的互动，缩小师生之间的等级差。教师在课堂教学中，也可以适当引进新型教学方式，以营造良好的学习氛围，提升学生学习兴趣。例如，某高校教师在口语课堂教学中，根据课程知识难度，将问题引领式、微课、小组合作探究等教学模式融入课堂教学当中。问题引领式是将课程知识点由易到难设置若干问题，使学生可以根据问题逐步完成知识点学习，在享受问题探究乐趣的同时，提高自身的逻辑思维能力。微课是教师将较难知识制作成短小的视频，利用视觉和听觉加深学生的学习印象。小组合作探究模式是教师设置口语课题，由小组进行讨论，同时教师提出相关要求，使学生在规则允许范围内完成既定的教学任务。以上几种教学方法都是该校教师常用的教学方法，教学模式的创新，不仅可以激发学生的学习主动性，而且能够降低教师的教学负担，提高高校口语课堂的教学效果。另外，教师可以将课堂作业的上交方式进行更改，利用微信进行语音上交，增加课堂口语学习的有效性。

4. 创设真实教学环境

英语口语水平的提高离不开文化环境的熏陶，如果学生能长时间处于英语交流环境当中，那么学生的口语应用能力将得到快速提升，增加口语课堂教学的应用价值。例如，某高校投入资金聘请外教进行口语知识教学，为了不挫伤学生的学习积极性，该校在口语教学初期，会在某个学习阶段穿插纯英语教学课堂，让学生了解自身学习能力存在的不足。虽然一开始很多学生都不能完理解外教讲授的内容，但此类课程安排能够有效激发学生的学习斗志。在课余时间学生可以借助微信与教师进行沟通，使学生逐渐提升自身口语能力，在后续课程中能够明确自身的学习目标，直到适应全英语教学模式。

5. 设置虚拟沟通环境

在传统英语口语课堂教学中，学生更多的是进行知识储备，很少有机会展示自己的学习情况，处于"只有输入没有输出"的学习模式当中。微信社交软件的推广，能够为学生搭建虚拟的沟通环境，为学生提供输出知识的平台，使学生的成就感得到满足，提高自身的英语学习水平。例如，某高校教师利用信息技术，在微信中推出口语大赛的小程序，口语大赛由口语发音、口语语气两部分比赛内容组成，学生可以在口语大赛中尽情地表达，对于学生发音有误的词语或应用语法，小程序会自动帮助学生记录，使学生在完成竞赛后能够通过比赛记录了解出错的地方，有针对性地进行改进。学生通过微信上口语大赛小程序，不仅可以检验自己的口语水平，而且在小程序中获得比较高的分数，能够满足学生的虚荣心，为学生下阶段英语学习提供动力。另外，学生还可以借助微信与其他人进行在线英语对话，不仅可以培养学生的英语语感，而且能够提高学生的单词储备，提升自身口语水平。综上所述，布置课前预习作业可以增加课堂互动时间，拓宽口语学习渠道能够丰富学生的知识积累，丰富课堂教学模式可以培养学生的英语口语能力。

第三节　英语写作教学

一、英语写作教学综述

写作教学具有悠久的历史，从西方学术传统来看，关于写作教学与研究的探索可追溯至古希腊时期。从最早的雄辩术到后来经过苏格拉底、柏拉图和亚里士多德形成的古典修辞学，再到古罗马时期经过西塞罗和昆体良的提炼与升华，形成了演讲文本生成过程中的"五部曲"训练模式。这一古典修辞学传统对于写作教学与研究产生了深远影响，经典的语法—翻译教学法以书面语为主要学习对象，力图通过学习语法、掌握词汇和翻译的手段获得阅读与翻译的能力，其中翻译活动也是一种写作的训练。后来的直接教学法和听说教学法更加注重口语能力的培养，写作教学也就被放在了一个次要的位置。而且，外语教学中的写作教学主要依靠母语写作教学的理论和方法。

写作也可以被视为一种过程。许多研究者认为，写作是一种把思想转化为书面语篇的过程，其中包括一系列解决问题策略的使用和认知活动。为了揭示这些隐藏的心理过程，研究者采用有声思维、观察及事后访谈等方法。有声思维的研究方法来自于认知心理学，它要求受试者把在写作过程中的心理活动用语言讲述出来。该模式包括三个主要的部分：作者的长期记忆、任务环境及写作过程本身。写作过程包括计划、用语言表达思想和检查三个阶段。

关于写作的结果与过程的两种观点对写作教学都产生了很大的影响，由此出现的结果教学法和过程教学法一直是近几十年来写作教学的主流。在我国，英语写作教学也经历了一个复杂的过程。我国的英语教学历来就有重视读写的教学传统，许多教师都把读写教学作为英语教学的根本。但是，在强调读写教学时，人们往往强调的是学生阅读能力的培养，而把写作教学放置在一个从属的位置。20 世纪 80 年代以前，我国英语教学中基本上不考虑写作教学的问题，有关写作教学的研究也是寥寥无几。最近十几年，写作教学逐渐成为外语教学研究的热点问题之一，并出现了许多研究成果。

二、英语写作教学的理论基础

（一）写作的特殊性

如果只将写作等同于一种技能，只用作测试或技巧练习，那是一种浪费。写作是更高级的综合性学习。其教学目的和方法都应有别于其他三种基本技能。

第一，从语言习得的角度来看，写作能力具有特殊性。阅读和写作都与书面语相关，都不能通过语言习得的过程自然获得，需要经过专门的教育与学习。而在读写之间，写作能力的培养则更加具有难度。写和说都属于产出型的技能，但是两者之间也不能对等，会用英语说不一定就会写，因为写作并非简单地将我们说的话落在纸上，学生写作能力的提高不能通过其他语言能力的提高而自然而然地获得。

第二，从语言神经生理基础来看，写作也有别于其他的语言技能。章兼中指出，由于大脑神经细胞的排列和功能不同，听、说、读、写各自在大脑皮质上形成了相对独立的管辖区：视觉言语中枢、听觉言语中枢、书写中枢。写作教学因而要求有自己独特的活动形式。

第三，从写作的过程来看，写作具有自身的特点。在语言的四项技能之中，说和写属于产出型技能，而听和读则属于接受型技能。因此，与听和读相比，说和写是更主动、更积极的思维活动。而与说相比，写作又有自己的特点。口语交际常常受时间和空间的限制

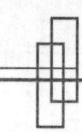

要求说话者立刻作出反应，因此，说要求自动化。另外，口语使用的词汇较简单，句子结构较松散，还可以借助于手势、动作表情及重音、节奏、语调、停顿来加强表情达意。而作为书面语的写作则不受时空的限制，往往有较充分的时间考虑。因此，写作主要是一个自觉的过程，并不要求自动化。另外，写作只能借助文字和符号来表达思想，没有面部表情、手势、身体动作及语音方面的辅助，也没有及时反馈。因此，写作要求用词准确考究，句子结构规范严谨，段落发展符合逻辑，谋篇布局得当。但是，写作的好处在于作者有较多的时间思考，有时间修改。

第四，从教学过程的心理机制内容和结构来看，写作也应有别于其他技能的教学。写作活动是属于概念、原理和解决问题的学习，是属于高级阶段的学习，其教学自然不能采用初级阶段信号学习或刺激反应学习的方法。

（二）写作的过程

表达主义者把写作视为"与写作结果同样重要的发现真正自我的创造性活动"，因此写作教学应该个性化，教学活动要帮助学生发现自我，真正地表达自己的内心情感与思想。由此我们可以看出，表达主义者更加重视表达的流利性。认知主义者则把写作视为解决问题的过程，这一思想对于第二语言和外语教学中的写作教学产生了更大的影响。与表达主义一样，认知主义也把写作视为迂回的、个性化的、由内在心理活动引导的过程，但是，认知主义更加重视高级思维和解决问题的过程，这些过程包括计划、确定修辞问题、在一个更大的范围内提出问题、解释定义、提出解决方案及产生令人信服的结论等。根据认知主义的思想，过程教学法重在开发学生内在的心理过程，尤其是写作过程中的认知与元认知策略，其教学包括创造和写前准备、撰写草稿、修改、合作写作、反馈、反馈后的修改和定稿等阶段。认知主义者认为，"从本质上讲，写作是学生自己学会的，而不是教会的"。因此，教师在写作教学中应该尽量减少对学生的干预，而是要创造、提供一种鼓励、合作的环境，以帮助学生表达他们自己的意思"。

不论是表达主义还是认知主义，它们都注重写作的过程，都对写作思维、写作心理、语言机制等深层结构进行了探索和概括，并建立了独立的写作理论。作者不仅要问自己为什么写，给谁看，而且还要问自己怎样写、怎样开头这样一些关键问题。在过程教学法中，写作被看作一个交际过程，是一个发现思想、深化思想，以及从思想到语言、从内容到形式的转换过程。写作是作者与读者之间的一个交际过程，其中涉及信息的产生、处理和传递，是一个复杂的感知过程。作者作为写作的主体，他首先要利用个人的社会经历及以往的知识和经验，还要考虑写作的目的，据此作出正确的判断。因此，写作教学不应只注重写作过程中狭义的写作那一部分，还要注意作者因素、写作前准备活动、读者因素和信息反馈。要在写作过程中完成上述交际过程有两个关键因素：一方面要给学生充足的时间进行构思；另一方面要从读者那里获得信息反馈，以便进行修改，使内容和形式臻于完善。写作是作者发现自己的思想，并使这些思想更加清晰、准确和深化的过程。要做到这一点，作者必须具有丰富的材料，并对这些材料进行比较、分析、综合、抽象和概括。这

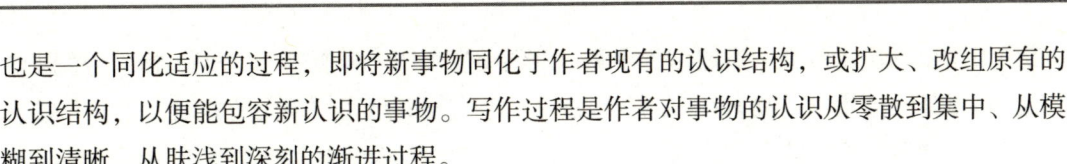

也是一个同化适应的过程，即将新事物同化于作者现有的认识结构，或扩大、改组原有的认识结构，以便能包容新认识的事物。写作过程是作者对事物的认识从零散到集中、从模糊到清晰、从肤浅到深刻的渐进过程。

（三）母语与二语或者外语写作

母语对二语学习的影响一直是二语习得研究的一个热点问题，各派理论从各自的角度出发，得出许多不同甚至相反或矛盾的研究结论。从母语对于二语或者外语写作的影响来看，主要有三种观点。第一种以对比分析和对比修辞理论为基础，认为母语对二语学习的负面影响要大于正面影响，母语文化思维和知识会影响到二语学习者写作语篇的组织方式，因此，学习二语或者外语写作应该尽量克服母语的影响。第二种以创造性构建理论为基础，认为二语或者外语学习受到普遍语法的制约，对于母语不相同的学习者来说，他们二语或者外语写作的过程和顺序大致相同，母语对二语或者外语写作没有明显影响。因此，母语对于二语或者外语写作的影响可以忽略不计。第三种以"深层共享能力"假设为基础，认为母语和二语或者外语能力在深层次上相互依存，能力共享。因此，母语对二语和外语的正面影响从整体上看远远大于负面影响，母语写作水平的提高有助于二语或者外语写作水平的提高。母语思维是二语习得过程中的常见现象，母语思维在二语或者外语写作中的作用也引起了研究者的注意。用外语写作文，特别在外语学习的初级阶段，似乎无法避免以母语为中介，许多人认为用母语思维会干扰外语学习的进步。但是，许多研究的结果表明，在外语写作过程中借助母语思维对提高外语作文质量有积极的影响。例如，研究结果表明，在写同一篇作文的过程中运用母语思维多的学生比运用母语思维少的学生在作文的内容、结构和细节上都表现出明显的优势。弗里德兰德研究了母语在外语作文内容的构思中所起的作用，他发现运用母语思维既不影响外语写作的时间，也不影响质量。通过研究翻译写的英文作文和直接用英文写的作文，发现语言水平高的学生与低水平的学生相比，明显得益于翻译。国内的有关研究者也对此进行了一定的研究，研究结果表明，汉语思维对于英语写作具有很大的影响。郭纯洁和刘芳用有声思维法记录了十名高中生和两名大学生英语看图作文的思维过程，并计算了其中的母语思维量，结果显示 60% 的内容由母语生成。但是汉语思维对于英语写作的影响会随着学生英语水平的提高而有所变化。

三、大学英语写作教学现状

尽管大学英语写作长期以来被广大师生视为英语教学的重中之重，无论教师还是学生都投入了大量的时间和精力，但教学的效果仍然不太理想。就当前英语写作教学的现状而言，其中存在很多亟待解决的问题。

（一）大学英语写作教学现状

1. 学生层面

（1）套用作文结构情况严重

在绝大多数考试中，写作是一道独立的、分值不低的"大题"。为了应付这些考试，

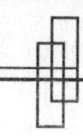

很多参考书就列出了各类文章的结构框架，以供学生套用。尽管这样的写作能够注意到文章的整体框架及连贯性，具有一定的积极意义，但它同时也存在很大的弊端，即学生写作基础的不足导致他们只会套用格式，但对段落的组织安排及连接词的恰当使用都没有真正理解，因而经常出现连接词误用、段落衔接不自然、文章虎头蛇尾等问题。

（2）内容细节缺失

语言的学习不仅涉及语言本身，还涉及广阔的知识面。学生如果欠缺生活常识、文化知识，写出来的作文就会显得单薄、肤浅，质量也不会太高。例如，如果让学生写一篇去医院看病的文章，如果学生对病症的描述不准确，就会使作文的质量大打折扣。

（3）语言质量不过关

从语言表达上看，学生在写作中往往存在很多语法错误，如语序错误、词性使用错误、相近词使用错误、单复数／人称／时态不一致、句子成分残缺等。另外，受汉语思维的影响，学生的英语作文中还存在表达啰嗦、中式英语严重的问题。

2.教师层面

（1）教学目标不系统

英语写作能力的培养是一个循序渐进的系统性过程，所以其教学目标也应该具有一定的系统。但现阶段的英语写作教学目标却缺乏一定的系统性，主要表现在总体目标与阶段性目标不协调。总体目标是指针对学生的生理、心理特征，结合写作教学的自身规律，并在英语课程标准中明确规定的总体任务。阶段性目标是指写作教学依据总体目标制定的一系列的阶段性目标，也就是各年级、各学期的具体要求和目标。总体目标和阶段性目标是一个有机统一整体，只有两者紧密结合才能保证教学的有效实施，而两者的不协调必然会导致目标难以实现，也会阻碍写作教学的有效开展。但很多时候，我国大学英语写作教学的阶段性目标总是脱离总体目标而独立实施。

（2）教学方法不新颖

受学时及考试的影响，现代大学英语写作课堂教学中，教师仍然采用传统的结果教学法实施教学，即在课堂上为学生提供不同类型的范文，在对范文稍加讲解之后就要求学生参照范文模仿，并要求学生在规定的时间内利用课外时间完成写作任务，最后由教师进行批改和讲评。这种教学方法的重心是写作的结果，忽视了师生、生生之间的交流，以及写作过程中对学生写作兴趣的激发和培养。久而久之，学生就会对写作产生厌倦，写作能力也就得不到提高。此外，模仿虽然是学生学习写作的初始和必经阶段，但却不是最终阶段，更不是写作的最终目的，创造性的写作才是写作的最终阶段和最终目的。实际上，创造既是过程也是结果，如果写作失去了创造性也就失去了生命。因此，教学过程中，教师要注重师生、生生之间的沟通交流，注意使用灵活的教学方法，培养学生的写作兴趣和写作创造力。

（3）批改方法不科学

英语写作教学中，教师如何批改学生的作文对学生的写作能力有着直接而重要的影

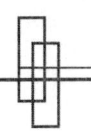

响。但事实上，目前国内大多数英语教师都在使用一种并不科学的批改方法：学生交上作文后，教师批改的重点在于纠正拼写、词汇及语法等句子水平上的错误，而忽略了对学生写作时思维能力的培养。这种批改方法使写作教学成了变相的词汇和语法教学，学生在写作的时候更多地关注词汇、语法的正误，而忽略了段落组织、文章结构等方面的问题。这样就算学生写出一篇没有语法、词汇错误的文章，也不一定是好文章。

3.教学条件的问题

（1）教学时间不足

教学时间不足是目前国内英语写作教学的硬伤。因为目前我国的大学英语写作教学是在英语整体教学之中开展的，教师除了要进行写作教学以外，还要兼顾语音、词汇、语法、听力、口语、阅读、翻译方面的教学，本来就时间不多的几堂课，在被这几项教学内容"瓜分"之后，留给写作教学的时间也就所剩无几。然而，写作能力的提高需要充足的训练时间，教学时间一旦得不到保证，教学的效果可想而知。

（2）缺乏相关的教材

目前我国的大学英语教材大多是集语音、词汇、语法、听、说、读、写、译于一体的综合性教材，专门针对大学英语写作的教材相对较少。加上写作在英语整体教学中大多没有形成一个科学的体系，学生对写作的认识和把握往往不够全面、深刻，写作时也很容易出这样那样的问题。这对写作学习而言是极为不利的。

（3）教学改革滞后

近年来，尽管很多英语教师对写作教学有了一定的新认识，但要想彻底改变过去落后的教学模式，仍有很长的路要走。例如，学生英语思维能力的多方位、多角度、发散性、创造性、广阔性和深刻性仍然没有得到足够重视和训练。教师在实际授课过程中，也时常为了教写作而教写作，而未能将其与其他技能的教学有机地联系起来，从而使写作教学成为一个孤立的存在，这使写作教学事倍功半。

（二）大学英语写作教学现状的改善措施

大学英语写作教学在整个英语教学中占有十分重要的地位。而目前写作教学又存在着很多的问题，因此加强大学英语写作教学，探索新的适应新形势的教学方法已迫在眉睫。对大学英语写作教学的改革，可以从以下几方面来做起。

1.提高学生的写作兴趣

兴趣是影响学生写作的首要因素。学生对话题的熟悉程度和兴趣的高低直接影响写作的质量与长度。写作的话题越是学生感兴趣的，学生越愿意写，写出来的文章流利程度也就越高。为了提高写作的趣味性，在设置作文题目时要尽量贴近学生的兴趣点，贴近学生的学习与生活，这样的作品才会生动形象、有血有肉。

2.扩大写作量

写作是一项重视积累和长时间训练的项目，只有多写、勤写，才能将写作水平提高。写作能力的提高不是一蹴而就的事情。王初明等人曾提出了以写为突破口的教学改革思路，如要求学生课外写长作文（简称"写长法"）。该方法既能调动已学的知识，又促使学生为表达思想而寻找还没有彻底掌握的表达式、句子结构等，真正做到使学生"在用中学"。这样能促使语言运用的自动化，有效达到语言习得的目的。

鼓励学生不断地写、大量地写，通过扩大数量来提高写作质量是一个值得推荐的好方法。学生的作文写得越长，越能暴露潜在的语言问题，教师也能及时发现问题，通过师生的共同努力来促进学生写作能力的提高。

3. 写作题材和形式的多样化

写作训练的形式可以多种多样，如读后感、观后感、游记、小说、诗歌等，也可写文章摘要、编写故事、续写故事等。

除了课堂上的写作训练，教师还应该鼓励学生写日记，充分发挥他们的想象力和创造力，时间不限、词数不限、题材不限、体裁不限。

4. 加强实用英语写作的教学

需要指出的是，教育，包括外语教育，都是为社会服务的。根据大学英语新教学大纲的要求、学生的迫切需求及社会对人才的要求，加强实用英语写作势在必行。

通过之前初高中的学习，学生对议论文、说明文、记叙文的写作模式已经比较熟悉，而对那些申请表、个人简历、求职信、通知、祝贺卡等日常生活中必备的实用文体的写作却无所适从。这一严重缺陷影响了学生的日常交流，对学生日后走上工作岗位，或进一步在国内外深造造成了阻碍。在改变当前的现状时，必须要加大这一方面的教学与训练。

5. 听、说、读、写、译相结合

（1）以听导写

听力首先是一个语言输入的过程，也是理解、记忆的过程。学生可通过原有的语言知识、文化背景知识加深对听力材料的正确理解。而听力原文的篇章结构、模式、语言风格，以及一些恰当的语言表达法，也能为写作提供必要的输入。

因此，在平时的听力训练过程中，教师可以鼓励学生尽量将听力材料中学到的单词、句型、地道的表达法记下来，用到日常的写作中去。这样的积累将会大大地增加学生的写作素材、表达方式，等到真正写作时便能得心应手，自信心倍增。

（2）以说带写

课堂中的写作前的讨论都属于说的内容。说在整个写作过程中起着十分重要的作用。因此，在写作之前围绕作文题组织讨论十分必要。但是需要注意的是，教师要把控学生的讨论内容，不能偏离主题，让学生围绕主题分组讨论，深入挖掘写作内容，相互启发，开拓思路，集思广益。以说带写的模式能够让学生写作思路更清晰，写作内容更丰富，写作语言更地道，写作兴趣更浓厚。

（3）以读促写

阅读是语言输入的重要途径之一。俗话说"巧妇难为无米之炊"，假如没有语言输入，那么语言的输出就会成为无源之水、无本之木。大量的研究表明，阅读能力强的学生

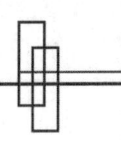

的写作能力要比阅读能力差的学生在措辞、句子结构、谋篇布局和语言风格等方面都略胜一筹。

正因为如此，教师应该鼓励学生大量阅读英语原文，从中吸取有用的句式和表达，活学活用。这样做可谓"一箭双雕"，既能提高学生的阅读能力，又能增加语言输入，培养语感，使学生写出的文章有血有肉、丰富多彩。

（4）以译助写

写作能力与翻译能力也有密切关系。如果不能掌握地道的英语表达法，往往会出现中国式的英语，这是教师改作文时最感头疼的问题。

针对这个问题，教师可以布置一定的汉译英练习，从而就两种语言在选词、句法结构、表达习惯等方面进行对比分析，使学生熟悉英语习惯表达，减少汉语思维的干扰。日积月累的翻译训练一定会对学生写作能力的提高起到一定的作用。

6.引入现代教学技术手段

运用现代教学技术手段进行外语写作教学能调动学生学习外语的主动性与积极性，有利于教师对学生的个别指导，还能协助学生自己在写作实践中不断学习外语，并从中发现与解决问题，提高自主学习能力与外语表达水平。下面简单以写作的三个阶段来分别介绍现代教学技术手段的运用。

（1）构思

写作前，学生需要有写作的愿望，同时考虑与组织自己的思路，拟定写作提纲。借助现代教学技术手段，能帮助学生打开思路，例如 CD-ROM Inspiration，该 CD 菜单中不仅包括写作计划、创造性思维、提纲、概念匹配及图表等写作要素，而且还备有具体的写作专题所需考虑的一系列相关的方面，学生写作前从中选择需要的内容后，在此基础上经过整理，一般就能为写作做好准备。

（2）草拟

草拟文章阶段，学生可利用计算机中的文字处理软件起草，随时修改内容与文字，同时利用一些网上提供的修改与编辑文章的项目辅助自己的写作。如"批改网"，既可让教师与学生及学生之间同时了解写作内容，指出写作过程中的错误或提出修改意见。这样做一方面加强了教师对学生写作的个别指导；另一方面又开展了学生之间的互帮互学，是大学写作教学中合作学习的具体体现。

（3）成文

成文与定稿阶段，学生可利用各种软件推敲词与句的用法，在综合考虑教师与同学的意见后，最后定稿。传统的外语写作练习在定稿后就交给教师完事，而使用现代教学技术手段却能使学生根据出版的要求修改文章，在网上出版，并与其他同学或朋友交换文章。有些网站设有学生论坛，专供学习外语的学生发表自己的写作成果。如美国伊利诺伊大学的网站 Exchange 上就有这样的论坛。学生的文章如能在网上发表，与全世界的读者分享，这对学生来说是巨大的鼓舞。

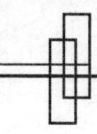

7. 让学生意识到写作具有的交际功能

在写作者心中应有潜在的读者对象，而不是单纯为写作而写作。语言学认为，语言是一种特殊的符号系统。人类的交际活动和思维反应不是通过词语表现，而是通过语篇来实现的。当然，写作者是以字、词等基本单元进行写作，但孤立的词语并不能体现和反映任何一种社会文化意义。要实现社会意义，就要求写作者选择词语、衔接句子、安排新信息、考虑语境，使其要传递的信息是连续的、完整的和不可分割的，以达到语言交际功能的目的。语言交际功能至少包括三种，学生写作的过程就是运用语言来完成这三种功能的过程。

首先，要表达自己的思想，即"达意功能"。每个陈述句都含有已知信息和新信息，组织话语，要尽量使听话人对每个已知信息有一个并且只有一个先行信息。如果违反这一原理，会产生两种结果：句子意义不清、句子累赘。有的句子可能很少有或没有真正新的信息，只在重复已经说过的话，这就是"废话"。有的句子已知信息不足，句子跟语境不连贯，这就使读者对内容感到莫名其妙。在学生习作中，我们常见到这种情况：信息传达目的相同时，每个人传达的信息量及表达方式均不相同。有的给出最少的信息量，而能达到最佳效果；有的虽写得清楚，符合语法，但读来令人乏味，因为句式呆板，信息量重复居多。

其次，写的东西是要给人读的，至少教师要读，即"人际功能"。奈斯特兰德指出，书面交际的很多明显特征是作者与读者进行的交流，既然是书面交际，书面语言就应具备严密性、简洁性和规范性。但是，学生仅仅掌握了语法知识，写出来的东西完全符合语法是远远不够的，因为写作不是语法练习，语法正确的句子堆在一起不是文章。写作者要明晰自己的读者对象。因此，文体知识有时候就显得比语法知识更为重要，尤其是将来他的交流对象是英语母语使用者。

最后，写的东西要成为前后连贯、表达有力的文章，即"语篇功能"。语篇的一个基本特征就是连贯。要使语篇连贯，从宏观结构考虑，有三种策略：一是信息结构。在已知信息上增加新信息。在作文中重复或参照前面说过的东西，以达到思维活动的统一；二是主题—辅助句结构。段落有主题句，该段其他描写事物或细节的句子都要辅助主题句，起到解释、说明主题句的作用；三是事件顺序结构。将一件件事情按顺序有条不紊地表达出来。

三、英语写作教学方法

（一）结果教学法

早期的英语写作教学理论主要来自于经典的修辞学研究。1960 年后，英语写作的理解可以集中在具体的文章和语篇分析中，这是便于学生在学习范文与语境使用方法后进行模仿和加工自己的文章，这种教学方式被称为结果教学法。结果教学法主要是训练学生的词汇组合能力，其更加注重学生的写作能力，这种方式的产生与发展促进学生的综合学习

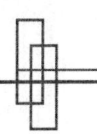

素养，使学生能够从一个短句出发，一点点通过自身词汇量的积累，达到质的飞跃。这种阶段式练习能够为学生的英语理论学习打好基础，保证学生能够尽快地适应结果教学法的不同环节。结果教学法的整体过程大致分为以下几个阶段：首先，教师挑选一个适合学生学习的短语或句子，并对其中所运用到的修辞手法进行分析和解释；其次，监督学生找寻另一个与其修辞手法相似的作品，要求学生阅读并分析，同时，教师可以在一旁进行讲解或提供解题思路，指引学生的学习思维；最后，对学生的结果进行评价和总结。

结果教学法的语言性和整体结构是教师最为注重的能力，所以其通常被运用到学习第二语言或外语写作的文章中，这种方法也是目前我国外语教育领域中最为常用的教学手法，许多外语教材的编写都是依靠这种教学思路进行的。结果教学法的实施与设计是存在一定差异的，这种方式着重培训学生的知识运用能力。

（二）过程教学法

1960 年，在美国被称为第一语言教学的方式是过程教学法，这种方法的教学基础是在信息、认知、语言等各领域的理论影响下而形成的。经过教学法专业人员和相关专家的研讨和证明，过程教学法成为当时影响力最大、普及率最高的一种教学方式。1980 年后，大量语言研究学者根据学生的学习能力和学习现状，将过程教学法应用到了外语写作教学的课堂中，成为学生普遍接受的学习方式。从知识理论基础上讲，过程教学法的作用主要体现在学生进行写作训练时大脑所创造的思维和空间，认为学生的主体意识是过程教学法中的核心。而在具体的实践过程中，其与传统的写作教学也存在较大差别。过程教学法更加看重写作过程中的内部结构和修辞方式，突出了实践能力与交际能力的价值，所以，其从整体看，过程教学法看重的是写作过程，而非结果，是一种适合团体协作方式的教学。

过程教学法相对于其他方式的教学，更加突出的特征是把学生自身的思维能力和实践能力放在了首要地位。从行为主义心理学的角度看，学习的动机和行为及其主观反应都是具有一定阶段的，且存在强化空间，所以，以此为主要目的的听说教学法则强调机械性的作用，将此方式运用到写作过程中，便是要以文章的语义分析和模仿文章语言动机为核心，同时，忽略了作者的思维能力与实践能力的发展。

1960 年初，以瑞士心理学家皮亚杰的发生认识论为主要基础的语言认知理论逐渐完善，认知理论领域的形成和发展强调的是学习过程中的创造性思维培养，其认为学习是一种调动人体大脑和思维主体意识的智慧活动，鼓励学生在学习的过程中积极开拓思维，思考问题的多样性，主动地接受知识和相关理论，让学生能够自主探索其中原理。过程教学在认知理论的影响下，是把写作能力看作一种同化和认知的过程，因此，过程教学法能够使学生在学习了众多基础知识技能后，自主规划不同类别，发现其中规律，并掌握基础的原理架构。只有发挥好过程教学法的内在价值，并为己所用，运用创造性手法对语言进行分析，才能够写出具有一定文化底蕴的文章。过程教学法除了运用到基础的理论知识外，还涉及了交际教学法的运用。交际教学法扩大了语言知识能力的多个认知领域，写作方法能够培养学生的表达能力和实践能力，在此基础上，过程教学法的培养能够促使学生自身

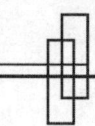

的社会交际能力得到提高，所以，教师在教学时，应该尽可能还原实践过程的情境，创造出一个自然、真实的社会实践空间。

（三）基于批判性思维模式的大学英语写作教学

1. 对写作材料的批判性分析

首先要求教师准备好写作素材，以常见的图表、图片或者命题作文的形式在课堂上展示，然后引导学生，以分组或者集体讨论的形式对将要写作的文章论述的观点、内容、结构及论证方式进行讨论。在此过程中，鼓励学生发表各自的观点，最终以思维导图的形式呈现自己的文章写作思路，然后彼此相互审查作文的观点、论证方法、推理过程、论据，完成第一步的批判性评价。在这个过程中，文章观点的方向性得到了初步的推敲，避免了部分同学因审题不严而出现偏题或者跑题现象；论证材料的有效性和论证推理的严密性也有了一定的保障，从而避免了以前那种论证材料与文章观点不相干，前言不搭后语、推理过程杂乱无章甚至离题万里的现象。

2. 写作阶段

在完成写作之前，对写作题目或者材料进行批判性分析之后，即要求学生结合前面形成的思维导图，在限定的时间内结合自己的理解，根据自己的能力、观点，完成写作任务。一旦开始写作，就不允许讨论，且必须在给定的时间内独立完成。

写作过程之所以这样要求，一方面是希望学生能够积极独立地思考，快速厘清思路，选择自己认为合适的材料，形成有个人风格的作文；另一方面是让学生养成在考试中合理安排写作时间的习惯，迅速有效地完成写作任务。

3. 写作后的批判性评价过程

写作完成以后的评价可分为两类。首先需要做的是学生之间的相互评价。学生交换作文，要求相互认真评阅，初步检查内容，包括单词拼写，名词的单复数，动词的时态，短语的搭配，词汇的选择及句式。要求进行认真的检查，并提出自己的意见或建议。如果学生水平较高，甚至可以要求其检查文章论述过程论据的有效性，以及论证推理的逻辑性。

进行这种作文互评，主要是基于以下几个原因：首先学生在检查本人的作文时，通常很难发现自己所犯的类似错误。而检查他人的作文要求检查者必须仔细阅读，才能发现同学作文中的问题。这些形形色色的问题是鲜活的错误例句，给学生提供了修改和提高的机会，并要改正他人的错误或提出相应的建议，则必须经过认真思索和考证才能实现。这个过程是一个批判性思索的过程，其难度甚至超过一篇全新写作作文。因此，这是提高学生写作能力的一个非常有效的方法。最后进行教师的点评。由于课堂教学时间的限制，教师的课堂评论主要应该集中于一些共性的问题和常见的错误。通过将一部分典型的问题进行展示和点评，并适度引导对其进行评判和修改，引起全体学生的注意，尽量避免在以后的写作中重犯。对于一些个性的问题，教师应该以书面或者面批的形式反馈。教师对作文的评判利于纠正在学生相互评判中误判或者错判的一些问题，提高学生的认识和下一步的写作水平。

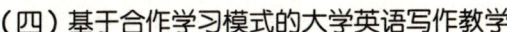

（四）基于合作学习模式的大学英语写作教学

既然合作学习模式能提高大学英语写作教学质量，有必要探讨怎样将合作学习模式具体应用到写作教学中，以取得最佳效果。

1. 明确教学目标，合理分组

教师要明确教学目标是建立合作学习的教学模式，以学生为中心，以小组合作的形式对写作问题进行探讨和分析，鼓励学生在学习过程中互帮互助，形成师生、生生全方位、多角度的互动交流，充分调动学生的主观学习积极性，克服学习困难和障碍，切实提高学生英语写作能力。

合理分组是实现这一目标的第一步。适当控制小组规模，将人数控制在 4 人左右是比较理想的，有利于小组成员充分交流和能力发挥；不会太少，能让学生充分感受到小组学习的集体氛围。由于学生在性别、学习成绩、思维方式、能力倾向、社会背景等方面都有所不同，因此分组时要考虑成员间相互学习和互补，尽量遵循"组间同质、组内异质"的原则。关于小组长的人选，由于小组长除了要积极组织小组讨论外，还需要发挥组内协调、疏通的作用，因此可以让小组成员推选有责任心的学生担任。当然，随着小组成熟度越来越高，成员之间越来越熟悉。为了使每个成员都得到锻炼的机会，可以采取轮流的办法，每一两次写作任务换一名同学负责组织小组活动。

2. 合理组织写作各阶段的教学活动

通常写作分为三个阶段：写前阶段、写作阶段和修改阶段。教师应把握好各阶段的任务，合理设计教学环节，组织教学活动。

写前阶段：这是选题、思考展开、组织主题内容、收集资料、进行构思的阶段，也是一个输入的阶段。内容包括阅读与写作主题相关的材料，在教师的指导下与小组成员探讨、挖掘主题内容。很多情况下，如果全由学生个人独立开展这一步骤，收集的资料和组织的内容不一定全面，有时还会找不到思路。但是通过小组成员一起分享和讨论他们的写作目的、观点和方法，可以降低认知难度，激发写作的新想法，构建出清晰明了的写作思路。当然，在这一过程中，教师应当强调小组成员之间的讨论要尽可能全面覆盖写作的各个方面，除了文章的主题内容、组织架构外，尽量讨论到文章的文字表达和语言修辞等问题。这样，通过小组成员之间的热烈讨论，开展头脑风暴，可以顺利进入写作阶段。

写作阶段：这是学生完成初稿的阶段，也是输出的阶段，并非完全由学生独立完成的阶段。在初稿撰写过程中，小组成员可以拟好写作提纲，互相分析并讨论；在写作过程中遇到任何问题，也可以互相交流，获得及时的写作帮助。

修改阶段：这一阶段涉及评判作文产出，在此基础上做必要的添加和删除以便文章能正确表达写作者的写作目的。在合作学习模式下，修改阶段包括：同伴互评—修改初稿—同伴互评—修改二稿—教师评阅。学生完成初稿后，小组成员之间互相交换评阅。与此同时，教师要给予学生一定的互评方法指导和互评方法训练。如怎样评判文章是否中心统一，逻辑清晰，或是否句型单一，用词不当等。教师要强调成员之间的互评不仅要关注形

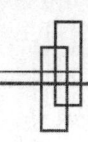

式，更要关注文章的内容。不仅要指出文章的不足之处，并给出修改意见，还要标注出文章中的闪光点并予以点评。反馈以书面和口头形式进行。学生在综合不同反馈意见的基础上，写出第二稿，再由小组成员进行第二轮互评，最后大家修改完稿将终稿和同伴互评意见交给教师评阅。

同伴的评价对写作过程起着非常重要的作用。传统写作教学中教师是唯一的评阅者，较之同伴之间的反馈，教师的评阅所提供的信息量有限，反馈没有那么及时。此外，如果教师对文章的负面反馈过多，难免会打击学生的自信心，增加学生的焦虑。合作学习模式下的同伴互评能改变这种单一的评价方式。除了反馈比较及时外，同伴之间的交流比师生之间的交流更加平等。同伴互评中，学生需要积极发现问题、分析问题和解决问题，判断能力得到锻炼，个人思维得到拓展；同伴互评可以让学生更多地了解他人的写作方式和思维方式，可以引导学生在写作时多考虑读者的感受，尽量避免自己在写作中犯类似的错误；通过发掘他人作文的长处，加以参照和借鉴，提高写作水平。

当然，在每篇作文完成之后，小组和个人都要进行总结和反思。教师挑选优秀文章建立分享平台供学生阅读，参考模仿、交流。还可以给平台上产出优秀文章的小组加分奖励以调动学生的学习积极性。

合作学习模式体现了以学生为中心的原则，改变了学生被动接受的状况，使写作过程成为学习者主动的学习过程。合作学习的写作教学模式通过合理分组、同伴交流、同伴互评等一系列环节设计，使生生和师生得到更好的互动和交流，营造轻松和谐的写作氛围，逐步提高学生的写作热情；在学习中学生通过互帮互学大大增进了交流与合作，了解了自身的不足，从而提高了写作水平。

（五）基于交互式批改模式的大学英语写作教学

建构主义认为"教师与学生之间，学生与学生之间的协作交流对于加速对知识的意义建构，是至关重要的手段"。因此，虽然教师在学生的作文批改中占主导地位，而学生在作文批改中占主体地位，教师和学生是平等的，整个学习过程中师生间的交互作用非常重要。

二语习得理论中的"互动论"强调环境和交际对象与语言习得者互相交流的重要性，由此可见，师生间在作文批改中的相互交流是理论与实践较好结合的一种体现。交际法理论基础是社会语言学，著名的社会语言学家海姆斯认为交际能力是由语法、心理、社会文化和运用语言等的能力互相作用的系统作用。对英语写作的面批过程，同样渗透了"交际"的概念，教师与学生面对面批改作文反映了人与人之间面对面的交际技巧。

1. 实验法

实验法即是对某一问题根据一定的理论或假设进行有计划的实践，从而得出一定科学结论的方法。本研究基于二语习得中的互动论，在大学英语专业学生写作教学的批改环节，通过师生互动、生生互动，培养学生的思辨能力和创新思维，从而提高学生的英语写作能力。

2.问卷调查法

通过一个学期的教学实践，研究者设计一系列教师交互式批改作文的相关问题，利用问卷发送给学生回答，研究者对数据进行分析，得出结论。

3.交互式作文批改的具体实施

例如，对自己所任教的班级学生在一个学期的英语写作教学中采用交互式作文批改方法。第一步，可将学生分成若干小组，每组 4~5 人。由教师课堂现场出题，小组协作进行写作。第二步，各小组长组织小组成员通过头脑风暴法讨论写作内容，协作完成概述、中心思想。第三步，各小组成员根据各自的思路和素材写出初稿并自行修改。第四步，小组各成员将自己的作文交组内其他成员修改，每名成员修改后写出评语，并将自己的批改意见在组内讨论。教师随机抽查部分学生的作文进行面批，并在全班进行点评和总结。

（四）基于叙事思维导图模式的大学英语写作教学

叙事思维导图对于思维的优化、整理和加工具有重大作用。将叙事能力和思维导图进行有机结合，能从心理上、认知上进一步重构知识，在英语写作过程中发挥重要作用。

在教学中采用叙事思维导图教学。例如在授课"交通"为主题的作文课时，首先让学生说出有关交通的相关概念，如海上交通、陆地交通、空中交通、轨道交通、轮船、汽车、飞机、火车、高铁、管理者、驾驶员、乘客、通信、空警、交警、铁警、信号灯、行人、堵车等概念，将这些概念罗列在黑板上，接着找出最一般、包容性最广的概念，置于概念图的最顶端，然后确定概念，置于概念图的几个层次。让各组确定合适的连接词，做出与交通相关的有意义的命题概念图。由图 4-4-1 可以看出，概念之间需要用连接词表示他们之间的关系，在结构上，可以清晰地表现出概念和命题之间的关系，可以作为精准解决问题、总结专业知识、设计教学等基础。

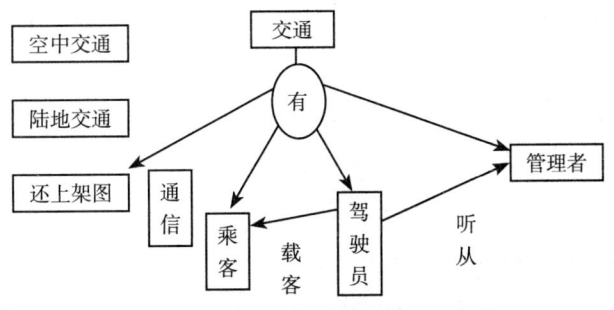

图 4-4-1 关于交通的叙事思维概念图

思维导图作为可视化教学工具，通过图形表征不同的概念，运用不同颜色、不同粗细、带文字或箭头的不同线条表示知识之间的关系，具有提高教学效率、整合知识、培养发散思维，激发学习兴趣、促进师生团结合作、平等交流等作用。同时，将叙事思维引入到大学生英语写作教学中，将进一步提高写作水平。

第五章　英语语言的新发展

第一节　英语语言应用的创新与发展

一、英语语言应用的现状和问题

（一）英语语言应用的现状

在全球范围内，英语已经成为国际交流和商务合作中最主要的工具之一。因此，英语语言应用也变得越来越重要。

目前，英语语言应用主要包括英语学习、翻译、语音识别、机器翻译、自然语言处理、语音合成等多个方面。这些应用已经被广泛应用于学术研究、商务合作、国际贸易、文化交流等领域，对促进人类文明的发展和推动全球化进程起到了重要的作用。

在英语学习方面，随着英语教育的不断普及和全球化的推动，越来越多的人开始学习英语。目前，英语学习的方式也越来越多样化，包括传统的课堂教学、网络课程、在线学习等多种形式。

在翻译方面，英语作为国际通用语言，翻译英语的需求也越来越大。目前，翻译软件和应用程序已经相当普及。

在语音识别和语音合成方面，英语语音技术已经相当成熟，多种语音识别和合成软件和应用程序已经广泛应用于语音交互、电话客服、机器人服务等领域。此外，随着人工智能技术的发展，自然语言处理和机器翻译也正在不断提高。

（二）英语语言应用中存在的问题

然而，英语语言应用也存在一些问题。英语语言应用的质量参差不齐，很多软件和应用程序的翻译与语音识别准确性还有待提高。英语语言应用的开发和维护成本较高，很多小型企业和创业者无法承受。此外，英语语言应用还面临着版权和隐私保护等方面的挑战。

首先，精度和质量问题一直是英语语言应用面临的重要问题。许多英语语言应用程序和软件的翻译、语音识别等功能在精度和质量方面仍然存在一些问题。尤其是在对于某些特定的语言和方言进行翻译或语音识别时，往往会存在错误和不准确的情况。这也导致用户对英语语言应用的使用体验和信任度有所降低。

其次，成本和效率问题也是英语语言应用的一大难题。英语语言应用的开发和维护成本相对较高，而且开发的过程中需要考虑到不同的语言和文化差异等问题，这也导致了开发周期和效率方面的问题。一些小型企业和创业者也无法承担英语语言应用的开发和维护成本，限制了英语语言应用的发展。

除此之外，隐私和安全问题也是英语语言应用面临的挑战。英语语言应用中涉及的大量数据和信息需要得到妥善保护，否则就会涉及隐私泄露和信息安全等问题。一些黑客也会利用英语语言应用程序和软件来进行攻击和盗取信息。

文化差异和语言多样性问题也是英语语言应用需要解决的问题之一。英语作为一种国际通用语言，其应用也需要考虑到不同地区和不同语言背景下的文化和语言差异，避免出现不当言论和行为。这也需要英语语言应用开发者和使用者充分了解与尊重其他语言和文化的差异性，推动文化和语言的多元共存和交流。

最后，随着人工智能技术的发展，英语语言应用也可能会带来一些社会问题。例如，机器翻译技术的发展可能会导致人工翻译的需求减少，从而影响翻译从业者的就业机会。同时，自然语言处理和语音识别技术的应用也可能会导致隐私泄漏和安全问题。例如，在语音助手使用中，用户的个人信息和隐私可能会被泄露或者被黑客攻击，给用户带来一定的安全风险。

综上所述，英语语言应用虽然在各领域中都有着广泛的应用，但也面临着精度和质量、成本和效率、隐私和安全、文化差异和语言多样性、人工智能带来的社会问题等多方面的问题和挑战。为了更好地发挥英语语言应用的作用，我们需要不断加强技术研发和质量管理，同时也需要关注文化差异和语言多样性，避免出现不当言论和行为。同时，也需要注意隐私保护和信息安全，保障用户的权益和安全。

二、英语语言应用的创新与发展

（一）基于人工智能技术的英语语言应用

人工智能技术的发展，为英语语言应用带来了新的机遇和挑战。基于人工智能技术的英语语言应用不仅可以提高英语语言应用的精度和效率，还可以实现更加智能化的应用场景。下面介绍几种基于人工智能技术的英语语言应用：

机器翻译：随着人工智能技术的发展，机器翻译的质量和精度得到了大幅提高。通过神经网络等深度学习算法，机器翻译可以实现更加准确和流畅的翻译，同时也可以逐步学习和纠正错误。

自然语言处理：自然语言处理是一种将人类语言转换为计算机可处理形式的技术，它可以帮助人们更好地理解和处理英语语言中的语法、语义等方面的问题。通过自然语言处理技术，可以实现语音识别、情感分析、文本分类、文本生成等多种应用场景。

智能问答系统：基于人工智能技术的智能问答系统可以根据用户的提问，自动回答相应的问题。通过深度学习和自然语言处理等技术，智能问答系统可以实现更加准确和智能化的问答过程。

智能语音交互：智能语音交互是一种基于语音识别和语音合成技术的应用，可以实现人机之间的智能化交互。通过语音助手等应用，用户可以通过语音命令控制手机、电视等设备，还可以查询天气、新闻等信息。

聊天机器人：聊天机器人是一种基于自然语言处理和机器学习技术的应用，可以模拟人类对话，与用户进行交互。通过聊天机器人，用户可以获得更加智能化和个性化的服务，例如客服、金融服务等。

基于人工智能技术的英语语言应用，可以有效提高英语语言应用的精度和效率，实现更加智能化的应用场景，具有非常广阔的发展前景。未来，随着人工智能技术的不断发展和应用，英语语言应用将会变得越来越智能化和人性化。

（二）基于大数据分析的英语语言应用

随着大数据技术的不断发展，基于大数据分析的英语语言应用也越来越普及。大数据分析可以通过对海量数据的收集和处理，提供更加准确和个性化的服务和应用。下面介绍几种基于大数据分析的英语语言应用：

个性化英语学习：基于大数据分析的英语学习应用，可以根据学生的学习数据，提供个性化的学习方案和教学建议。例如，通过分析学生的学习行为、兴趣爱好等数据，为学生推荐适合其自身特点的学习资源和教学方法。

数据驱动的机器翻译：基于大数据的机器翻译可以通过对大量文本数据的分析和学习，提高翻译的质量和准确度。例如，可以通过对英语和其他语言之间的翻译数据进行深度学习和模型训练，提高翻译的精度和流畅度。

基于用户行为数据的英语语音识别：通过分析用户的语音行为数据，可以提高英语语音识别的准确度和响应速度。例如，可以根据用户的发音习惯和口音等特征，提高语音识别的精度和响应速度。

基于社交媒体数据的情感分析：基于社交媒体数据的情感分析可以分析用户在社交媒体上的文本、图片和视频等内容，提取用户的情感和态度。例如，可以通过对用户在社交媒体上的评论和反馈等数据进行分析，了解用户对英语学习和应用的看法和需求，从而提供更加符合用户需求的服务和应用。

数据驱动的英语语音合成：基于大数据的英语语音合成可以通过对大量语音数据的学习和分析，提供更加自然流畅的语音合成服务。例如，可以通过对大量英语语音数据进行学习和训练，提高语音合成的自然度和流畅度。

基于大数据分析的英语语言应用可以提供更加准确和个性化的服务与应用，但也存在一些问题和挑战。例如，数据隐私和信息安全是需要考虑的问题，大数据分析也需要遵循法律和道德规范。同时，基于大数据分析的英语语言应用也需要关注文化差异和语言多样性问题，避免出现不当言论和行为。此外，大数据分析的结果也需要经过人工审核和确认，避免出现误判和不当处理的情况。

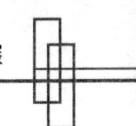

总之，基于大数据分析的英语语言应用为英语语言的应用和发展带来了新的机遇和挑战。我们需要不断加强数据收集和处理的技术能力，保障数据隐私和信息安全，同时也需要关注文化差异和语言多样性，避免出现不当言论和行为。通过大数据分析，可以为英语语言应用提供更加准确和个性化的服务和应用，促进英语语言的普及和发展。

（三）基于虚拟现实技术的英语语言应用

随着虚拟现实技术的不断发展，基于虚拟现实技术的英语语言应用也越来越受到关注。虚拟现实技术可以通过模拟和重建真实环境，提供更加沉浸式和交互式的应用体验。下面介绍几种基于虚拟现实技术的英语语言应用：

虚拟英语学习环境：基于虚拟现实技术的英语学习环境可以提供更加沉浸式和交互式的学习体验。通过虚拟现实技术，学生可以在虚拟环境中学习英语听说读写等技能，通过互动式教学方法提高学习效率和质量。

虚拟英语演讲：基于虚拟现实技术的英语演讲可以提供更加真实和沉浸式的演讲体验。例如，可以通过虚拟现实技术模拟英语演讲场景，帮助学生提高演讲能力和表达能力。

虚拟英语实验室：基于虚拟现实技术的英语实验室可以提供更加沉浸式和交互式的实验体验。例如，可以通过虚拟现实技术模拟英语语音实验室场景，帮助学生学习和练习语音发音和语音识别等技能。

虚拟英语旅游：基于虚拟现实技术的英语旅游可以提供更加真实和沉浸式的旅游体验。例如，可以通过虚拟现实技术模拟英语旅游场景，帮助学生学习和练习英语口语与听力等技能。

虚拟英语会话：基于虚拟现实技术的英语会话可以提供更加沉浸式和交互式的会话体验。例如，可以通过虚拟现实技术模拟英语会话场景，帮助学生学习和练习英语对话与交流等技能。

基于虚拟现实技术的英语语言应用可以提供更加沉浸式和交互式的应用体验，但也存在一些问题和挑战。例如，虚拟现实技术的硬件和软件设备需要较高的成本与技术支持，需要针对不同用户提供个性化的应用服务和支持。同时，虚拟现实技术的使用也需要注意用户体验和安全保障的问题，避免出现不当言论和行为，同时也需要保障用户的隐私和信息安全。

此外，基于虚拟现实技术的英语语言应用也需要考虑语言和文化多样性的问题。虽然英语是国际通用语言，但在不同地区和不同语言背景下，人们的语言和文化习惯存在差异，这也需要在英语语言应用的开发和使用过程中进行考虑。

总之，基于虚拟现实技术的英语语言应用为英语语言的应用和发展带来了新的机遇与挑战。我们需要不断加强虚拟现实技术的研发和应用，提供更加个性化和交互式的应用服务与支持，同时也需要关注用户体验和安全保障，避免出现不当言论和行为，保障用户的隐私和信息安全。通过虚拟现实技术，可以为英语语言应用提供更加沉浸式和交互式的应

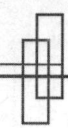

用体验，促进英语语言的普及和发展。

（四）基于移动互联网技术的英语语言应用

随着移动互联网技术的不断发展，基于移动互联网技术的英语语言应用也越来越普及。移动互联网技术可以让用户随时随地使用英语语言应用，提供更加便捷和灵活的应用服务与支持。下面介绍几种基于移动互联网技术的英语语言应用：

英语学习手机软件：基于移动互联网技术的英语学习手机软件可以提供个性化和便捷的学习服务和支持。例如，可以通过移动互联网技术提供在线英语课程、学习资料、口语练习和评估等服务，帮助学生随时随地学习和练习英语。

在线英语翻译：基于移动互联网技术的在线英语翻译可以提供便捷和准确的翻译服务与支持。例如，可以通过移动互联网技术提供在线英语翻译工具、语音翻译、图片翻译等服务，帮助用户随时随地进行英语翻译。

英语听力手机软件：基于移动互联网技术的英语听力手机软件可以提供丰富和便捷的听力材料和练习。例如，可以通过移动互联网技术提供在线英语听力材料、听力练习和评估等服务，帮助学生随时随地进行英语听力训练和提高。

英语口语社交手机软件：基于移动互联网技术的英语口语社交手机软件可以提供在线英语口语交流和社交服务与支持。例如，可以通过移动互联网技术提供在线英语口语社交平台、口语交流和评估等服务，帮助用户随时随地进行英语口语交流和提高。

英语考试手机软件：基于移动互联网技术的英语考试手机软件可以提供全方位的英语考试服务和支持。例如，可以通过移动互联网技术提供在线英语考试模拟、考试报名、考试成绩查询和评估等服务，帮助学生进行英语考试准备和提高。

基于移动互联网技术的英语语言应用可以提供更加便捷和灵活的应用服务和支持，但也存在一些问题和挑战。例如，移动互联网技术的设备和网络环境的不同，可能会影响应用的稳定性和用户体验。此外，移动互联网技术的应用也需要关注用户隐私和信息安全的问题，保障用户的数据和隐私安全。

针对这些问题和挑战，我们需要不断提高移动互联网技术的稳定性和安全性，加强用户数据和隐私保护，同时也需要注重用户体验和服务质量的提升，提供更加优质和个性化的应用服务和支持。

总之，基于移动互联网技术的英语语言应用为英语语言的应用和发展带来了新的机遇和挑战。我们需要不断加强移动互联网技术的研发和应用，提供更加便捷和灵活的应用服务和支持，同时也需要关注用户隐私和信息安全，保障用户的数据和隐私安全。通过移动互联网技术，可以为英语语言应用提供更加便捷和个性化的应用体验，促进英语语言的普及和发展。

第二节　社交媒体与英语语言应用

一、社交媒体对英语语言应用的影响

随着社交媒体的兴起和普及，英语语言应用也得到了更加广泛的推广和使用。社交媒体对英语语言应用的影响主要表现在以下几方面：

社交媒体的兴起与英语语言应用的普及：社交媒体的普及使得英语语言应用的推广和使用更加广泛，例如，通过社交媒体平台的广告和宣传，可以更加方便地推广英语学习手机软件和英语口语社交手机软件等应用，提高英语语言应用的普及率和使用率。

社交媒体对英语语言交流的影响：社交媒体的出现使得英语语言交流更加便捷和多样化，例如，通过社交媒体平台的文字、语音和视频等多种形式的交流方式，可以更加方便地进行英语语言交流和交际，促进了英语语言的使用和传播。

社交媒体对英语学习的影响：社交媒体可以为英语学习提供更加丰富和多样化的学习资源和途径，例如，通过社交媒体平台的学习群组、学习论坛和学习资料等，可以更加方便地获取英语学习资源和互动学习，促进了英语学习的发展和提高。

社交媒体的普及和应用使得英语语言应用得到了更加广泛的推广和使用，同时也带来了一些问题和挑战，例如，社交媒体中存在的英语语言习惯和规范问题，虚假信息和误导性信息问题，以及对英语语言学习和教学的影响问题等。

二、社交媒体在英语语言应用中的应用

社交媒体在英语语言应用中的应用可以为英语学习和交流提供更加便捷与多样化的服务和支持，例如：

社交媒体平台的英语语言应用：社交媒体平台可以通过推出英语学习、英语口语社交和英语考试等应用，为用户提供更加便捷和个性化的英语语言应用服务。

社交媒体在英语学习中的应用：通过社交媒体平台的学习群组、学习论坛和学习资料等，可以为学生提供更加丰富和多样化的英语学习资源与互动学习方式，促进了英语学习的发展和提高。

社交媒体在英语教学中的应用：通过社交媒体平台的在线教学和互动教学等方式，可以为英语教师和学生提供更加便捷和交互式的英语教学服务与支持，提高了英语教学的效果和质量。

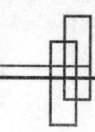

社交媒体在英语语言应用中的应用可以为英语语言的应用和发展提供更加便捷与多样化的服务和支持，但也需要注意用户隐私和信息安全的问题，保障用户的数据和隐私安全。

三、英语语言应用的创新与发展

英语语言应用的创新与发展是为了适应不断变化的社会和经济环境，同时也是为了提高英语语言应用的质量和效果。目前，英语语言应用的创新和发展主要表现在以下几方面：

基于人工智能技术的英语语言应用：人工智能技术的应用可以为英语语言应用提供更加智能和个性化的服务与支持，例如，人工智能技术可以为用户提供在线英语学习、口语评估和英语教学等服务，提高了英语语言应用的效果和质量。

基于大数据分析的英语语言应用：大数据分析技术可以为英语语言应用提供更加准确和个性化的服务与支持，例如，通过大数据分析技术可以为学生提供更加适合自己的英语学习和口语练习方案，提高了英语语言应用的效果和质量。

基于虚拟现实技术的英语语言应用：虚拟现实技术的应用可以为英语语言应用提供更加沉浸式和交互式的体验与服务，例如，虚拟现实技术可以为学生提供更加生动和真实的英语学习和口语练习体验，提高了英语语言应用的效果和质量。

基于移动互联网技术的英语语言应用：移动互联网技术的应用可以为英语语言应用提供更加便捷和灵活的服务和支持，例如，移动互联网技术可以为用户提供随时随地的在线英语学习与口语练习服务，提高了英语语言应用的效果和质量。

英语语言应用的创新和发展需要不断加强技术研发和应用，提供更加智能、便捷、生动和真实的服务和支持，同时也需要关注用户隐私和信息安全，保障用户的数据和隐私安全。

四、社交媒体与英语语言应用面临的问题和挑战

随着社交媒体和英语语言应用的不断发展和普及，也带来了一些问题和挑战，例如：

社交媒体中存在的英语语言习惯和规范问题：由于社交媒体的开放性和自由性，一些用户可能存在使用英语语言不规范或不符合英语语言习惯的问题，这可能会对英语语言应用和传播带来一些负面影响。

社交媒体的虚假信息和误导性信息问题：社交媒体上存在一些虚假信息和误导性信息，这可能会误导用户并对英语语言应用和学习带来不利影响。

社交媒体对英语语言学习和教学的影响问题：社交媒体的使用和应用也可能会对英语语言学习和教学带来一些负面影响，例如，学生可能会过度依赖社交媒体平台的学习资源，从而忽视了其他重要的学习资源和方法。

社交媒体与英语语言应用的文化和语言多样性问题：社交媒体平台的用户和内容具有

文化和语言多样性，这可能会导致一些用户无法理解或接受一些文化和语言的差异，从而对英语语言应用和传播带来一定的障碍和挑战。

五、未来社交媒体与英语语言应用的发展趋势

未来社交媒体与英语语言应用的发展趋势主要表现在以下几方面：

社交媒体和英语语言应用的融合发展趋势：社交媒体和英语语言应用将会更加深入地融合，通过社交媒体平台的英语语言社交和英语学习等应用，为用户提供更加便捷和个性化的英语语言应用服务与支持。

人工智能技术在英语语言应用中的不断应用：人工智能技术在英语语言应用中的应用将会更加普及和深入，通过人工智能技术的在线英语学习和口语评估等服务，为用户提供更加准确和个性化的英语语言应用服务与支持，提高了英语语言应用的效果和质量。

移动互联网技术在英语语言应用中的广泛应用：移动互联网技术在英语语言应用中的应用将会更加广泛和普及，通过移动互联网技术的在线英语学习和口语练习等服务，为用户提供随时随地的英语语言应用服务和支持，提高了英语语言应用的效果和质量。

英语语言应用的文化多样性和全球化趋势：未来英语语言应用的发展将会更加注重文化多样性和全球化趋势，通过英语语言应用的多语种支持和跨文化交流，为用户提供更加全面和多元的英语语言应用服务和支持。

总之，社交媒体和英语语言应用的发展是相互促进和共同发展的，未来的发展趋势将会更加注重个性化和多元化，同时也需要关注用户隐私和信息安全等问题，保障用户的数据和隐私安全。

第三节 跨文化交际与英语语言应用

一、跨文化交际对英语语言应用的影响

（一）跨文化交际的概念和意义

跨文化交际是指在不同文化之间进行交流和沟通的过程。随着全球化的加速和国际交往的增多，跨文化交际已经成为一个重要的现象和研究领域。跨文化交际对于英语语言应用的发展具有重要的意义和影响。首先，跨文化交际可以促进英语语言的学习和传播。通过不同文化之间的交流和沟通，人们可以更好地了解和应用英语语言。其次，跨文化交际可以提高英语语言应用的质量和效果。通过了解不同文化间的差异和相似性，人们可以更好地理解和应用英语语言。但是，跨文化交际也会带来一些挑战和问题，例如，文化差异、语言障碍和价值观差异等问题。因此，我们需要认真面对和解决这些问题，以提高英

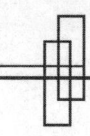

语语言应用的质量和效果。

（二）跨文化交际对英语语言应用的影响

1.跨文化交际促进英语语言的学习和传播。跨文化交际可以促进英语语言的学习和传播。随着全球化的发展，英语已经成为一种全球性的语言。通过跨文化交流和交往，人们可以更好地了解和应用英语语言。例如，在跨文化交流中，人们可以通过使用英语语言，与其他国家和地区的人们进行交流和沟通，从而加深对英语语言的认识和掌握。此外，跨文化交流还可以帮助英语语言在全球范围内得到更好的传播和推广。

2.跨文化交际提高英语语言应用的质量和效果。跨文化交际可以提高英语语言应用的质量和效果。通过了解不同文化间的差异和相似性，人们可以更好地理解和应用英语语言。例如，在跨文化交流中，人们可以更好地理解对方的文化背景和价值观，从而更加恰当地使用英语语言进行交流和沟通。此外，跨文化交流还可以促进不同文化之间的交流和理解，从而加深对英语语言的理解和掌握。

3.跨文化交际带来的挑战跨文化交际也会带来一些挑战和问题。首先，文化差异可能会影响英语语言应用的质量和效果。由于不同文化间存在巨大的差异，例如礼仪、信仰、价值观等方面的差异，可能会导致英语语言应用不够恰当或者不够准确。其次，语言障碍也是跨文化交际中的一个重要问题。不同语言间存在词汇、语法、语音等方面的差异，可能会导致英语语言应用不够准确或者不够清晰。最后，价值观差异也是跨文化交际中的一个重要问题。不同文化中对于家庭、社会、政治等方面的价值观差异，可能会影响英语语言应用的质量和效果。因此，我们需要认真面对和解决这些问题，以提高英语语言应用的质量和效果。

二、社交媒体与英语语言应用

（一）社交媒体的概念和意义

社交媒体是指通过互联网和移动通信技术等手段，使人们可以方便地创建、共享和交流信息的一种媒体形式。社交媒体已经成为人们生活中不可或缺的一部分，对于英语语言应用的发展也产生了重要的影响和作用。社交媒体可以提供一个实践英语语言应用的平台。通过社交媒体，人们可以与其他使用英语语言的人进行交流和沟通，从而提高英语语言应用的质量和效果。社交媒体可以提供一个英语语言学习的平台。通过社交媒体，人们可以接触到更多的英语语言学习资源和内容，从而提高英语语言的学习效果和成果。

（二）社交媒体对英语语言应用的影响

1.社交媒体提供一个实践英语语言应用的平台。社交媒体可以提供一个实践英语语言应用的平台。通过社交媒体，人们可以与其他使用英语语言的人进行交流和沟通，从而提高英语语言应用的质量和效果。例如，在社交媒体上，人们可以通过与英语母语者进行交流和沟通，学习更加地道和自然的英语表达方式。此外，社交媒体还可以提供一个交流英语语言文化的平台，促进不同文化之间的交流和理解，从而加深对英语语言的认识和掌握。

2. 社交媒体提供一个英语语言学习的平台。社交媒体可以提供一个英语语言学习的平台。通过社交媒体，人们可以接触到更多的英语语言学习资源和内容，从而提高英语语言的学习效果和成果。例如，在社交媒体上，人们可以加入英语语言学习群组或者关注英语语言学习博客，获取英语语言学习的相关资源和资讯。此外，社交媒体还可以提供一个英语语言学习交流的平台，使人们可以与其他英语语言学习者进行交流和互动，从而相互学习和提高。

3. 社交媒体带来的挑战。社交媒体也会带来一些挑战和问题。首先，社交媒体中存在大量的网络用语和网络俚语，可能会对英语语言应用产生负面影响。这些网络用语和网络俚语可能不够规范或者不够准确，可能会导致人们在英语语言应用中产生误解或者不当使用。其次，社交媒体中存在大量的虚假信息和不准确信息，可能会误导人们在英语语言应用中产生误解或者不当使用。最后，社交媒体中的信息量庞大，可能会对人们在英语语言应用中产生干扰或者困扰。因此，我们需要认真面对和解决这些问题，以提高英语语言应用的质量和效果。

三、基于人工智能技术的英语语言应用

（一）人工智能技术的概念和意义

人工智能技术是一种模拟人类智能的技术，包括机器学习、自然语言处理、计算机视觉等技术。人工智能技术在英语语言应用中具有重要的意义和影响。首先，人工智能技术可以提供更加准确和高效的英语语言翻译服务。通过机器翻译和自然语言处理技术，人工智能可以实现更加准确和高效的英语语言翻译服务，提高英语语言应用的效率和质量。其次，人工智能技术可以提供更加智能化和个性化的英语语言学习服务。通过个性化和智能化的英语语言学习服务，人工智文化之间的交流和理解，从而加深对英语语言的认识和掌握。

（二）社交媒体提供一个英语语言学习的平台

社交媒体可以提供一个英语语言学习的平台。通过社交媒体，人们可以接触到更多的英语语言学习资源和内容，从而提高英语语言的学习效果和成果。例如，在社交媒体上，人们可以加入英语语言学习群组或者关注英语语言学习博客，获取英语语言学习的相关资源和资讯。此外，社交媒体还可以提供一个英语语言学习交流的平台，使人们可以与其他英语语言学习者进行交流和互动，从而相互学习和提高。

（三）社交媒体带来的挑战

社交媒体也会带来一些挑战和问题。首先，社交媒体中存在大量的网络用语和网络俚语，可能会对英语语言应用产生负面影响。这些网络用语和网络俚语可能不够规范或者不

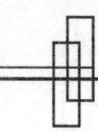

够准确，可能会导致人们在英语语言应用中产生误解或者不当使用。其次，社交媒体中存在大量的虚假信息和不准确信息，可能会误导人们在英语语言应用中产生误解或者不当使用。最后，社交媒体中的信息量庞大，可能会对人们在英语语言应用中产生干扰或者困扰。因此，我们需要认真面对和解决这些问题，以提高英语语言应用的质量和效果。

四、基于人工智能技术的英语语言应用

（一）人工智能技术的概念和意义

人工智能技术是一种模拟人类智能的技术，包括机器学习、自然语言处理、计算机视觉等技术。人工智能技术在英语语言应用中具有重要的意义和影响。人工智能技术可以提供更加准确和高效的英语语言翻译服务。通过机器翻译和自然语言处理技术，人工智能可以实现更加准确和高效的英语语言翻译服务，提高英语语言应用的效率和质量。人工智能技术可以提供更加智能化和个性化的英语语言学习服务。通过个性化和智能化的英语语言学习服务，人工智能可以帮助学习者更加高效地学习英语语言，提高英语语言的学习效果和成果。

（二）人工智能技术对英语语言应用的影响

1.人工智能技术提供更加准确和高效的英语语言翻译服务

人工智能技术可以提供更加准确和高效的英语语言翻译服务。通过机器翻译和自然语言处理技术，人工智能可以实现更加准确和高效的英语语言翻译服务，提高英语语言应用的效率和质量。

2.人工智能技术提供更加智能化和个性化的英语语言学习服务

人工智能技术可以提供更加智能化和个性化的英语语言学习服务。通过个性化和智能化的英语语言学习服务，人工智能可以帮助学习者更加高效地学习英语语言，提高英语语言的学习效果和成果。例如，英语语言学习手机软件可以根据学习者的学习进度和学习需求，提供个性化的英语语言学习服务，使学习者可以更加轻松地学习英语语言。

3.人工智能技术带来的挑战

人工智能技术也会带来一些挑战和问题。首先，人工智能技术可能会出现准确性和可靠性的问题。由于英语语言具有语言多样性和复杂性，人工智能技术在处理英语语言时可能会存在准确性和可靠性的问题，需要不断地进行改进和完善。其次，人工智能技术可能会对英语语言学习的人类因素产生影响。由于人工智能技术可以提供智能化的英语语言学习服务，可能会导致学习者过度依赖技术，忽略英语语言学习中的人类因素，例如语言感知、情感体验等。最后，人工智能技术也可能会对英语语言应用中的隐私和安全产生影响。由于人工智能技术可以对大量的英语语言数据进行处理和分析，可能会对个人隐私和安全产生影响，需要加强对于数据保护和隐私安全的管理和保护。

五、基于大数据分析的英语语言应用

（一）大数据分析的概念和意义

大数据分析是指对大规模数据集进行分析和处理的一种技术。在英语语言应用中，大数据分析可以帮助人们更好地理解和应用英语语言。大数据分析可以帮助人们了解英语语言的使用规律和趋势。通过对大规模的英语语言数据进行分析和处理，人们可以发现英语语言的使用规律和趋势，从而更好地应用英语语言。大数据分析可以帮助人们发现英语语言应用中存在的问题和挑战。通过对英语语言数据进行分析和处理，人们可以发现英语语言应用中存在的问题和挑战，从而有针对性地解决这些问题和挑战。

（二）大数据分析对英语语言应用的影响

1. 大数据分析可以帮助人们更好地理解和应用英语语言

大数据分析可以帮助人们更好地理解和应用英语语言。通过对大规模的英语语言数据进行分析和处理，人们可以发现英语语言的使用规律和趋势，从而更好地应用英语语言。例如，通过对大规模的英语语言数据进行分析和处理，可以发现英语语言中存在的常见错误和难点，从而有针对性地进行英语语言教学和应用。

2. 大数据分析可以帮助人们发现英语语言应用中存在的问题和挑战

大数据分析可以帮助人们发现英语语言应用中存在的问题和挑战。通过对英语语言数据进行分析和处理，人们可以发现英语语言应用中存在的问题和挑战，从而有针对性地解决这些问题和挑战。例如，通过对英语语言数据进行分析和处理，可以发现英语语言中存在的歧义和语言漏洞，从而有针对性地进行英语语言应用的改进和优化。

3. 大数据分析带来的挑战

大数据分析也会带来一些挑战和问题。首先，大数据分析需要大量的英语语言数据支持，但是这些英语语言数据可能存在隐私问题和安全问题，需要加强对于数据的保护和管理。其次，大数据分析需要较高的技术门槛和专业知识，对于一般用户来说，可能不太容易进行大数据分析。最后，大数据分析也可能会对英语语言应用中的人类因素产生影响。由于大数据分析可以提供更加准确和高效的英语语言应用服务，可能会导致人们过度依赖技术，忽略英语语言应用中的人类因素，例如语言感知、情感体验等。

六、基于虚拟现实技术的英语语言应用

（一）虚拟现实技术的概念和意义

虚拟现实技术是指通过计算机技术模拟出一个虚拟的现实世界，使用户可以在虚拟现实中进行交互和体验。在英语语言应用中，虚拟现实技术可以帮助人们更加真实地体验和应用英语语言。首先，虚拟现实技术可以提供更加真实和生动的英语语言学习体验。通过虚拟现实技术，人们可以在虚拟现实中体验真实的英语语言场景，从而更好地学习和应用英语语言。其次，虚拟现实技术可以提供更加个性化和订制化的英语语言学习服务。通过

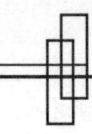

个性化和订制化的虚拟现实学习服务，人们可以根据自己的需求和兴趣进行英语语言学习，提高英语语言的学习效果和成果。

（二）虚拟现实技术对英语语言应用的影响

1.虚拟现实技术可以提供更加真实和生动的英语语言学习体验

虚拟现实技术可以提供更加真实和生动的英语语言学习体验。通过虚拟现实技术，人们可以在虚拟现实中体验真实的英语语言场景，例如英语语言国家的文化和生活场景，从而更好地学习和应用英语语言。例如，虚拟现实英语教学软件可以提供真实的英语语言学习场景，例如英语语言国家的商业场景、旅游场景等，使学习者可以更加真实地体验和应用英语语言。

2.虚拟现实技术可以提供更加个性化和订制化的英语语言学习服务

虚拟现实技术可以提供更加个性化和订制化的英语语言学习服务。通过个性化和订制化的虚拟现实学习服务，人们可以根据自己的需求和兴趣进行英语语言学习，提高英语语言的学习效果和成果。例如，虚拟现实英语学习软件可以根据学习者的学习进度和学习需求，提供个性化和定制化的英语语言学习服务，使学习者可以更加轻松地学习英语语言。

3.虚拟现实技术带来的挑战

虚拟现实技术也会带来一些挑战和问题。首先，虚拟现实技术需要大量的技术和设备支持，对于一般用户来说，可能需要较高的成本和门槛。其次，虚拟现实技术在英语语言应用中的应用还需要进一步完善和优化，以提供更加高效和准确的英语语言应用服务。最后，虚拟现实技术也需要考虑英语语言应用中的人类因素，例如语言感知、情感体验等，从而更好地提供英语语言应用服务。

七、基于移动互联网技术的英语语言应用

（一）移动互联网技术的概念和意义

移动互联网技术是指通过移动设备和互联网技术实现的一种移动化的互联网应用方式。在英语语言应用中，移动互联网技术可以帮助人们更加便捷和高效地学习与应用英语语言。首先，移动互联网技术可以让人们随时随地进行英语语言学习和应用。通过移动设备和互联网技术，人们可以在任何时间、任何地点进行英语语言学习和应用。其次，移动互联网技术可以提供更加丰富和多样化的英语语言学习服务。通过移动互联网技术，人们可以获得更加丰富和多样化的英语语言学习资源，例如英语语言学习 app、在线英语语言学习平台等。

（二）移动互联网技术对英语语言应用的影响

1.移动互联网技术可以让人们随时随地进行英语语言学习和应用

移动互联网技术可以让人们随时随地进行英语语言学习和应用。通过移动设备和互联网技术，人们可以在任何时间、任何地点进行英语语言学习和应用。例如，在地铁、公

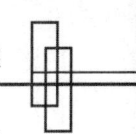

交、机场等场所，人们可以利用移动设备进行英语语言学习和应用，提高英语语言的学习效果和成果。

2.移动互联网技术可以提供更加丰富和多样化的英语语言学习服务

移动互联网技术可以提供更加丰富和多样化的英语语言学习服务。通过移动互联网技术，人们可以获得更加丰富和多样化的英语语言学习资源，例如英语语言学习手机软件、在线英语语言学习平台等。这些英语语言学习资源可以满足人们不同的英语语言学习需求和兴趣，提高英语语言的学习效果和成果。

3.移动互联网技术带来的挑战

移动互联网技术也会带来一些挑战和问题。首先，移动互联网技术需要保证网络连接的稳定和速度，对于网络连接较差的地区和用户来说，可能会影响英语语言学习和应用的效果与成果。其次，移动互联网技术需要考虑英语语言应用中的人类因素，例如语言感知、情感体验等，从而更好地提供英语语言应用服务。最后，移动互联网技术也需要加强对于数据保护和隐私安全的管理与保护，以保护用户的个人信息和隐私安全。

八、社交媒体与英语语言应用

（一）社交媒体的概念和意义

社交媒体是指通过互联网技术实现的一种交流和互动方式。在英语语言应用中，社交媒体可以帮助人们更好地交流和分享英语语言。首先，社交媒体可以提供一个开放和自由的英语语言交流平台。通过社交媒体，人们可以与来自世界各地的人们交流和分享英语语言，从而更好地理解和应用英语语言。其次，社交媒体可以提供一个英语语言学习和应用的社交化环境。通过社交媒体，人们可以与其他英语语言学习者和英语语言使用者互动与分享学习和应用经验，提高英语语言的学习效果和成果。

（二）社交媒体对英语语言应用的影响

1.社交媒体可以提供一个开放和自由的英语语言交流平台

社交媒体可以提供一个开放和自由的英语语言交流平台。通过社交媒体，人们可以与来自世界各地的人们交流和分享英语语言，从而更好地理解和应用英语语言。例如，在英语语言交流平台上，人们可以与来自英语语言国家的人们交流和分享英语语言，了解英语语言国家的文化和生活，从而更好地应用和理解英语语言。

2.社交媒体可以提供一个英语语言学习和应用的社交化环境

社交媒体可以提供一个英语语言学习和应用的社交化环境。通过社交媒体，人们可以与其他英语语言学习者和英语语言使用者互动与分享学习和应用经验，提高英语语言的学习效果和成果。例如，在英语语言学习社交平台上，人们可以与其他英语语言学习者和英语语言使用者互动和分享学习和应用经验，提高英语语言的学习效果和成果。

3.社交媒体带来的挑战

社交媒体也会带来一些挑战和问题。首先，社交媒体需要加强对于英语语言应用中的

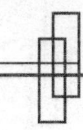

人类因素的管理和保护，例如语言感知、情感体验等，以提供更好的英语语言应用服务。其次，社交媒体也需要加强对于数据保护和隐私安全的管理和保护，以保护用户的个人信息和隐私安全。最后，社交媒体还需要考虑英语语言应用中的文化因素，例如英语语言国家的文化差异和多样性，从而更好地提供英语语言应用服务。

九、跨文化交际与英语语言应用

（一）跨文化交际的概念和意义

跨文化交际是指在不同文化背景下的人们之间进行交流和互动。在英语语言应用中，跨文化交际可以帮助人们更好地理解和应用英语语言。首先，跨文化交际可以帮助人们了解不同英语语言国家的文化和生活习惯，从而更好地应用英语语言。其次，跨文化交际可以帮助人们了解不同英语语言国家的英语语言使用习惯和特点，从而更好地理解和应用英语语言。

（二）跨文化交际对英语语言应用的影响

1.跨文化交际可以帮助人们了解不同英语语言国家的文化和生活习惯

跨文化交际可以帮助人们了解不同英语语言国家的文化和生活习惯，从而更好地应用英语语言。例如，在进行商务英语交流时，了解对方国家的商务文化和礼仪可以帮助人们更加恰当地应用英语语言，提高交流效果和成果。

2.跨文化交际可以帮助人们了解不同英语语言国家的英语语言使用习惯和特点

跨文化交际可以帮助人们了解不同英语语言国家的英语语言使用习惯和特点，从而更好地理解和应用英语语言。例如，在进行英语语言学习和应用时，了解不同英语语言国家的语言特点和使用习惯可以帮助人们更加准确和恰当地使用英语语言。

3.跨文化交际带来的挑战

跨文化交际也会带来一些挑战和问题。首先，跨文化交际需要考虑不同英语语言国家的文化差异和多样性，避免文化冲突和误解，从而更好地进行英语语言学习和应用。其次，跨文化交际需要加强对于英语语言应用中的人类因素的管理和保护，例如语言感知、情感体验等，以提供更好的英语语言应用服务。最后，跨文化交际也需要考虑英语语言应用中的社会和政治因素，例如不同英语语言国家的社会和政治背景和局势，从而更好地提供英语语言应用服务。

英语语言应用是一个广阔而又充满挑战的领域。从基于人工智能技术的英语语言应用到基于虚拟现实技术的英语语言应用，从基于大数据分析的英语语言应用到基于移动互联网技术的英语语言应用，每一种英语语言应用技术都带来了独特的优势和挑战。跨文化交际和社交媒体也对英语语言应用产生了深远的影响。

因此，未来的英语语言应用需要综合利用各种技术和平台，结合人类因素和社会因素，为广大英语语言学习者和应用者提供更加优质、便捷和高效的英语语言应用服务，促进英语语言在全球范围内的应用和发展。

第四节 人工智能与英语语言应用

一、人工智能技术在英语语言应用中的应用

（一）自然语言处理技术

自然语言处理技术是一种利用计算机技术处理自然语言的方法。在英语语言应用中，自然语言处理技术可被用于分析和理解英语语言的语法、词汇、语义等方面的内容，从而提供更加准确、快速和高效的英语语言应用服务。例如，自然语言处理技术可被应用于英语语言的信息提取、文本分类、情感分析等方面。

（二）机器翻译技术

机器翻译技术是一种利用计算机技术实现自动翻译的方法。在英语语言应用中，机器翻译技术可以将英语语言的文本自动翻译成其他语言的文本，从而实现跨语言交流和应用。例如，机器翻译技术可以应用于英语语言的新闻报道、商务交流、科技研发等方面。

（三）智能语音交互技术

智能语音交互技术是一种利用计算机技术实现人机语音交互的方法。在英语语言应用中，智能语音交互技术可以实现英语语音的自动识别、语音合成、对话交互等功能，从而提供更加便捷、快速和人性化的英语语言应用服务。例如，智能语音交互技术可被应用于英语语言的智能家居控制、智能客服、英语语音教育等方面。

（四）智能写作技术

智能写作技术是一种利用计算机技术实现智能化写作的方法。在英语语言应用中，智能写作技术可以帮助人们更加便捷、快速和高效地进行英语写作，提高英语写作的质量和效果。例如，智能写作技术可被应用于英语语言的商务写作、科技论文写作、英语作文写作等方面。

二、基于人工智能技术的英语语言学习与应用

（一）智能化的英语语言学习平台

智能化的英语语言学习平台是一种利用人工智能技术实现智能化英语学习的平台。在智能化的英语语言学习平台上，人们可以通过多种形式的学习方式，包括自主学习、互动学习、个性化学习等，进行英语语言学习。智能化的英语语言学习平台可以根据每个学习

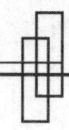

者的学习进度、学习兴趣和学习效果，为其提供个性化的学习计划和学习内容。例如，智能化的英语语言学习平台可以应用于英语语言的词汇学习、语法学习、口语训练等方面。

（二）智能化的英语教学辅助工具

智能化的英语教学辅助工具是一种利用人工智能技术实现智能化英语教学的工具。在智能化的英语教学辅助工具中，教师可以利用人工智能技术实现自动化的英语教学辅助，例如英语语音识别、语音合成、自动评分等功能。同时，智能化的英语教学辅助工具还可以为教师提供更加丰富、多样化的教学资源和教学手段，从而提高英语教学的效果和质量。例如，智能化的英语教学辅助工具可被应用于英语语言的课堂教学、在线教学、远程教学等方面。

（三）智能化的英语学习评估系统

智能化的英语学习评估系统是一种利用人工智能技术实现智能化英语学习评估的系统。在智能化的英语学习评估系统中，学习者可以通过多种形式的评估方式，例如自测、作业、测试等，了解自己的英语学习水平和进步情况。同时，智能化的英语学习评估系统还可以根据学习者的评估结果，为其提供个性化的学习建议和学习计划，从而帮助其更加有效地进行英语学习。例如，智能化的英语学习评估系统可被应用于英语语言的词汇量评估、语法水平评估、口语能力评估等方面。

三、人工智能技术在英语语言应用中存在的问题与挑战

（一）数据安全和隐私保护

人工智能技术在英语语言应用中需要大量的数据支持，例如语料库、训练数据等。然而，这些数据涉及用户的隐私和个人信息，如何保护数据的安全和用户的隐私成了一个重要的问题。为了解决这个问题，需要采取多种技术手段，例如加密、权限控制、匿名化等，从而保护用户的隐私和数据的安全。

（二）机器翻译的误译和失真问题

机器翻译技术在英语语言应用中可以实现跨语言翻译，帮助人们更好地进行跨文化交流和应用。然而，机器翻译技术存在误译和失真问题，这可能导致跨文化交流的失败和误解。为了解决这个问题，需要采取多种技术手段，例如机器翻译模型的优化、多语言语料库的建设、人工校对等，从而提高机器翻译技术的精度和效果。

（三）人机交互的问题

人工智能技术在英语语言应用中需要与人类进行交互，例如语音交互、文字交互等。然而，人机交互的问题成了一个重要的问题。例如，在语音交互中，机器需要准确地识别人类的语音，并作出正确的回答，这需要机器具备高度的语音识别和自然语言理解能力。在文字交互中，机器需要理解人类的意图和需求，并进行正确的响应，这需要机器具备高度的自然语言处理和人工智能技术。为了解决人机交互的问题，需要采取多种技术手段，

例如人工智能技术的优化、人机交互设计的改进等。

四、未来发展趋势与展望

（一）人工智能技术在英语语言应用中的前景和发展趋势

随着人工智能技术的不断发展和应用，英语语言应用也将不断发展和完善。未来，人工智能技术将在英语语言应用中扮演越来越重要的角色，带来更加智能化、便捷化和高效化的英语语言应用服务。

（二）人工智能技术与人类因素的结合

人工智能技术的发展需要考虑到人类的因素，例如人类的情感、价值观、文化背景等。未来，人工智能技术将与人类因素进行更加深入的结合，从而实现更加智能化和人性化的英语语言应用服务。

（三）可持续发展与人工智能技术的应用

随着全球对可持续发展的重视和需求，人工智能技术也将在英语语言应用中发挥更加积极的作用。未来，人工智能技术将用于支持英语语言应用的可持续发展，例如在英语学习、跨文化交流等方面，通过智能化的技术手段，提高英语语言应用的效率和质量，从而实现可持续的发展。

人工智能技术在英语语言应用中的应用和发展前景是非常广阔的，但同时也面临着许多的问题和挑战。只有通过不断探索和创新，结合人类的因素和可持续发展的要求，才能够实现人工智能技术与英语语言应用的良性互动，从而为人类带来更加智能化和便捷化的英语语言应用服务。

第五节　未来英语语言应用的展望

一、人工智能技术的应用

（一）自然语言处理技术

自然语言处理技术是指通过计算机对自然语言进行处理和分析的技术。在英语语言应用中，自然语言处理技术被广泛应用于文本分析、信息抽取、自动问答和情感分析等方面。通过自然语言处理技术，可以帮助人们更加高效地处理和理解英语文本信息，提高英语语言应用的智能化和自动化水平。

（二）机器翻译技术

机器翻译技术是指通过计算机将一种语言自动翻译成另一种语言的技术。在英语语言应用中，机器翻译技术被广泛应用于英语学习、跨文化交际和信息处理等方面。通过机器

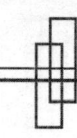

翻译技术，可以帮助人们更好地理解和应用英语语言，促进不同国家和地区之间的交流与合作。

（三）智能语音交互技术

智能语音交互技术是指通过语音识别和语音合成技术实现人机交互的技术。在英语语言应用中，智能语音交互技术被广泛应用于语音识别、语音翻译、智能客服和语音助手等方面。通过智能语音交互技术，可以帮助人们更加便捷地使用英语语言服务，提高英语语言应用的人机交互体验。

（四）智能写作技术

智能写作技术是指通过计算机自动生成文章和文本的技术。在英语语言应用中，智能写作技术被广泛应用于自动化写作、信息摘要和内容生成等方面。通过智能写作技术，可以帮助人们更加高效地产生和处理英语语言内容，提高英语语言应用的自动化和智能化水平。

二、跨文化交际的应用

（一）多语种交际

多语种交际是指通过多种语言实现跨文化交际的技术。在英语语言应用中，多语种交际被广泛应用于多语种翻译、多语种信息处理和多语种应用等方面。通过多语种交际，可以帮助人们更好地应对不同国家和地区之间的交流和合作。

（二）多元文化的应用

多元文化的应用是指通过不同文化的应用实现跨文化交际的技术。在英语语言应用中，多元文化的应用被广泛应用于文化信息的传播、跨文化交际的培训和文化交流的促进等方面。通过多元文化的应用，可以帮助人们更好地理解和应用不同文化之间的差异与共性，提高英语语言应用的跨文化交际能力。

（三）跨文化交际的教育与培训

跨文化交际的教育与培训是指通过教育和培训来提高跨文化交际能力的技术。在英语语言应用中，跨文化交际的教育与培训被广泛应用于英语教育、跨文化交际培训和企业文化交流等方面。通过跨文化交际的教育与培训，可以帮助人们更好地掌握和应用英语语言，提高英语语言应用的跨文化交际能力。

三、移动互联网技术的应用

（一）移动应用程序的应用

移动应用程序的应用是指通过移动应用程序来提供英语语言应用服务的技术。在英语语言应用中，移动应用程序的应用被广泛应用于英语学习、英语翻译和英语交流等方面。通过移动应用程序的应用，可以让人们更加便捷地使用英语语言服务，提高英语语言应用的个性化和智能化水平。

（二）移动互联网教学平台的应用

移动互联网教学平台的应用是指通过移动互联网平台来提供英语语言教学服务的技术。在英语语言应用中，移动互联网教学平台的应用被广泛应用于英语学习、英语考试和英语教育等方面。通过移动互联网教学平台的应用，可以让人们更加便捷地获取和学习英语语言知识，提高英语语言应用的普及和智能化水平。

（三）移动互联网英语学习的应用

移动互联网英语学习的应用是指通过移动互联网技术来进行英语学习的技术。在英语语言应用中，移动互联网英语学习的应用被广泛应用于英语学习、英语口语练习和英语听力训练等方面。通过移动互联网英语学习的应用，可以让人们更加自由地进行英语学习，随时随地地提高英语语言应用的水平。

四、虚拟现实技术的应用

（一）虚拟语言学习环境的应用

虚拟语言学习环境的应用是指通过虚拟现实技术来构建英语语言学习环境的技术。在英语语言应用中，虚拟语言学习环境的应用被广泛应用于英语学习、英语口语练习和英语听力训练等方面。通过虚拟语言学习环境的应用，可以让人们更加身临其境地进行英语学习，提高英语语言应用的真实感和效果。

（二）虚拟语言文化交流平台的应用

虚拟语言文化交流平台的应用是指通过虚拟现实技术来构建英语语言文化交流平台的技术。在英语语言应用中，虚拟语言文化交流平台的应用被广泛应用于英语交流、跨文化交际和英语文化体验等方面。通过虚拟语言文化交流平台的应用，可以让人们更加便捷地进行跨文化交际和英语文化体验，提高英语语言应用的跨文化交际能力。

（三）虚拟语言交际技能训练的应用

虚拟语言交际技能训练的应用是指通过虚拟现实技术来进行英语语言交际技能训练的技术。在英语语言应用中，虚拟语言交际技能训练的应用被广泛应用于英语口语练习、英语听力训练和英语写作技能训练等方面。通过虚拟语言交际技能训练的应用，可以让人们更加便捷地进行英语语言交际技能训练，提高英语语言应用的技能水平和应用效果。

五、大数据分析技术的应用

（一）数据驱动的英语语言学习

数据驱动的英语语言学习是指通过大数据分析技术来驱动英语语言学习的技术。在英语语言应用中，数据驱动的英语语言学习被广泛应用于英语学习、英语教育和英语考试等方面。通过数据驱动的英语语言学习，可以让人们更加便捷地获取和学习英语知识，提高

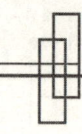

英语语言应用的学习效率和水平。

（二）数据驱动的跨文化交际

数据驱动的跨文化交际是指通过大数据分析技术来驱动跨文化交际的技术。在英语语言应用中，数据驱动的跨文化交际被广泛应用于跨文化交际、英语文化体验和英语文化教育等方面。通过数据驱动的跨文化交际，可以让人们更加深入地了解和体验不同国家和地区的文化，提高英语语言应用的跨文化交际能力和效果。

（三）数据驱动的英语语言教育

数据驱动的英语语言教育是指通过大数据分析技术来驱动英语语言教育的技术。在英语语言应用中，数据驱动的英语语言教育被广泛应用于英语教育、英语教学和英语教师培训等方面。通过数据驱动的英语语言教育，可以让英语教学更加科学和高效，提高英语语言应用的教育效果和质量。

六、可持续发展与英语语言应用

（一）英语语言应用的可持续发展模式

英语语言应用的可持续发展模式是指通过可持续发展的理念来构建英语语言应用的模式。在英语语言应用中，英语语言应用的可持续发展模式被广泛应用于英语教育、英语培训和英语语言服务等方面。通过英语语言应用的可持续发展模式，可以让英语语言应用更加健康和可持续，促进英语语言应用的长期发展和进步。

（二）英语语言应用的可持续性评估

英语语言应用的可持续性评估是指通过评估指标和方法来评估英语语言应用的可持续性。在英语语言应用中，英语语言应用的可持续性评估被广泛应用于英语教育、英语培训和英语语言服务等方面。通过英语语言应用的可持续性评估，可以让英语语言应用更加符合可持续发展的要求，提高英语语言应用的质量和效益。

（三）英语语言应用的可持续性管理

英语语言应用的可持续性管理是指通过管理和控制来实现英语语言应用的可持续性。在英语语言应用中，英语语言应用的可持续性管理被广泛应用于英语教育、英语培训和英语语言服务等方面。通过英语语言应用的可持续性管理，可以让英语语言应用更加稳定和可持续，提高英语语言应用的管理水平和效果。

七、未来英语语言应用的展望

（一）多元化、个性化的英语语言学习

未来英语语言应用将更加注重多元化和个性化的学习方式。随着人工智能技术、大数据分析技术和移动互联网技术的不断发展，英语语言应用将可以更加个性化地为每个人量身定制学习计划和学习内容，提高学习效率和学习成果。

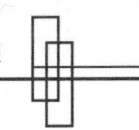

（二）智能化、便捷化的英语语言交流

未来英语语言应用将更加注重智能化和便捷化的语言交流方式。随着人工智能技术和虚拟现实技术的不断发展，英语语言应用将可以通过智能语音交互、虚拟语言文化交流平台等方式，让人们更加便捷地进行英语语言交流，打破语言和文化的障碍。

（三）人机交互更加自然化和智能化

未来英语语言应用将更加注重人机交互的自然化和智能化。随着人工智能技术和虚拟现实技术的不断发展，英语语言应用将可以通过自然语言处理技术、智能写作技术、虚拟语言学习环境等方式，让人们更加自然地和机器进行交互，提高交互效率和效果。

总之，未来英语语言应用将会呈现出更加多元化、智能化和可持续化的发展趋势，我们需要不断学习和创新，才能更好地适应这一变化趋势，提高英语语言应用的水平和质量。

参考文献

[1] 教育部高等教育司 . 大学英语课程教学要求 [M]. 北京：外语教学与研究出版社，2007.

[2] 胡文仲 . 跨文化交际教学与研究汉、英 [M]. 北京：外语教学与研究出版社，2015.07.

[3] 胡文仲，高一虹 . 外语教学与文化 [M]. 长沙：湖南教育出版社，1997.

[4] 束定芳 . 外语课堂教学中的问题与若干研究课题 [J]. 外语教学与研究，2014，46（3）：446-455.

[5] 严明 . 大学专门用途英语（ESP）教学理论与实践研究 [M]. 哈尔滨：黑龙江大学出版社，2008.

[6] 蔡基刚 . 中国大学英语教学路在何方 [M]. 上海：上海交通大学出版社，2011.

[7] Krashen，s. D. 1985. The input Hypothesis：Issues and implications. London and New York：Longman.

[8] 李红霞 . 大学英语教学研究 [M]. 天津：天津科学技术出版社，2017.

[9] 宫玉娟 . 大学英语教学模式改革创新研究 [M]. 长春：吉林出版集团股份有限公司，2018.

[10] 冯改 . 大学英语教学模式问题与对策研究 [M]. 北京：中国商务出版社，2017.

[11] 闫洪勇 . 大学英语教学与教师专业发展研究 [M]. 西安：西安交通大学出版社，2017.

[12] 毕继万，胡文仲 . 跨文化非语言交际（新版）[M]. 北京：外语教学与研究出版社，1999.

[13] 陈品 . 大学英语教学理论与实践 [M]. 天津：南开大学出版社，2013.

[14] 陈燕 . 大学英语教师专业发展新视角 [M]. 北京：中国政法大学出版社，2014.

[15] 桂诗春，宁春言 . 语言学方法论 [M]. 北京：外语教学与研究出版社，1998.

[16] 李建军 . 英语教师个性化教学风格的形成 [J]. 长江大学学报（社会科学版），2013，36（05）：178-179

[17]Brown，H.D. Principles of Language Learning and Teaching.（3rd Ed.）New Jersey：Prentice Hall，1994.

[18] 刘岩著 . 探索形式教学与内容依托式教学的协同作用 [M]. 北京：人民日报出版社，2019.

[19] 陆彤 .“内容依托教学”在我国大学外语教学中的实践与研究 [J]. 教育与职业，

2012（10）：107.

[20] Brinton D.& M. Wesche. Content - based Language Instruction[M]. New York : Newbury House，1989.

[21] 罗瑞 . 现代英语教学理论与发展的多维研究 [M]. 北京：科学技术文献出版社，2021.